Колода Таро Ленорман Значение: Путеводитель, переданный духом Анн-Мари Аделаиды

Гали Люси

Энн-Мари Аделаида Ленорман

1772-1843

Колода Таро Ленорман Значение: Путеводитель, переданный духом Анн-Мари Аделаиды

Гали Люси

Фото на обложке: Энн-Мари Ленорман

Издание первое 2021 г.

Графика, дизайн и верстка: Гали Люси
Колода Таро Ленорман Значение: Путеводитель, переданный духом Анн-Мари Аделаиды © Все права принадлежат Гали Люси
Перевод на Русский язык: Таня Зельдин

www.Gali4u.com

ISBN-13: 978-1960466068

Содержание

Сообщение от создателя

«Дорогие мои,

Когда вы ищете помощи и направления в своей жизни

Чтобы понять, как продолжить свой жизненный путь,

пожалуйста, прислушайтесь к своей душе,

Идите к мудрому и скромному человеку,

Кто не ходит во славе

И не находится в молитвенных домах и в роскошных хоромах.

Дорогие мои, вы найдете такого человека из уст в уста,

Впитайте знания и выберите скромность и тишину.

Слова мудрости небес произносятся тихо, с юмором и улыбкой.

Без угроз и запугивания,

«Не силой, но Духом, Я Господь»

....

«Изобилие тормозит, недостаток мотивирует»

Это сообщение получено в сеансе ясновидения

Я просил Бога: «Дай мне все – чтобы радоваться жизни».

И Бог ответил: «Я дал тебе жизнь –

чтобы наслаждаться всем» / народная мудрость

Об Энн-Мари Ленорман

Энн-Мари Аделаида Ленорман, родилась 27.05.1772, во Франции. Ее мать умерла в молодом возрасте, а отец женился во второй раз, позже он заболел и умер. Когда Энн-Мари было пять лет мачеха снова вышла замуж и отправила Энн-Мари в монастырь.

В 7-летнем возрасте, в монастыре, она предвидела прекращение правления матери-настоятельницы монастыря и ее наследников. В 14 лет Энн-Мари удалось убедить мачеху отправить ее к родственникам в Париж для ведения бухгалтерии. Там она подружилась с гадалкой по имени мадам Жильбер, от которой научилась раскладывать карты и предсказывать будущее. Энн-Мари объединила несколько методов предсказания:

астрологию, хиромантию и чтение карт. В 17 лет она предвидела падение французской монархии, духовенства и монастырское угнетение. В 1780 году она спроектировала свои первые карты. Благодаря своему маркетинговому таланту она стала общаться с ключевыми лицами дворянства и руководства Франции, со временем она стала личным медиумом Жозефины (жены Наполеона), которой она предсказала взлет и падение Наполеона, его изгнание на Остров Демонов.
Не раз Наполеон отправлял Энн-Мари на короткое время в тюрьму, чтобы заставить ее замолчать, но Жозефина каждый раз устраивала ее освобождение.

У Энн-Мари была сильная связь со своими картами. Любые попытки украсть ее карты или знания терпели неудачу.

Мадам Ленорман была ясновидящей более 40 лет и обрела заслуженную славу и признание в Европе за свои советы Наполеону, его жене Жозефине, лидерам Французской революции и французской знати.

В 1814 году Энн-Мари Ленорман также начала карьеру писательницы, опубликовав ряд книг, вызвавших споры среди французской публики.
После выхода на пенсию Мадам Ленорман вернулась в свой родной город богаче королевы Франции. Она никогда не была замужем и у нее не было детей. После смерти сестры она усыновила ее детей.

В возрасте 71 года Энн-Мари скончалась, но ее имя известно и по сей день. Мадам Ленорман никогда не оставляла информации и объяснений по раскладу

карт, поэтому на протяжении многих лет многие пытались расшифровать и интерпретировать ее карты.

В 2014 году мне подарили колоду карт Ленорман с маленькой брошюрой на английском языке, которая никак не помогала интерпретации карт.

Я решила сама, с помощью сеансов ясновидения, расшифровать значения карт и научиться правильному раскладу. <u>Весь процесс сеансов ясновидения занял около полугода и так на свет появилась эта книга.</u>

Колода Ленорман содержит 36 карт в основной версии, художник Киро Марчетти добавил от себя еще 8 предупреждающих карт (карты 37-44), но они не являются обязательными для использования.

<u>На мой взгляд, неправильно убирать или добавлять новые карты в колоду,</u> которая существует века.

Старинные карты Энн-Мари были переработаны итальянским художником Киро Марчетти и ему принадлежат права на новый дизайн карт, поэтому изображения дополнительных карт не включены в книгу.

Название набора карт: **Gilded Reverie Lenormand** можно приобрести в таких интернет-магазинах, как: Amazon, ebay и других.

** Формулировки в этой книге написаны в мужском роде, но адресованы как мужчинам, так и женщинам.

Объяснение чтения карт

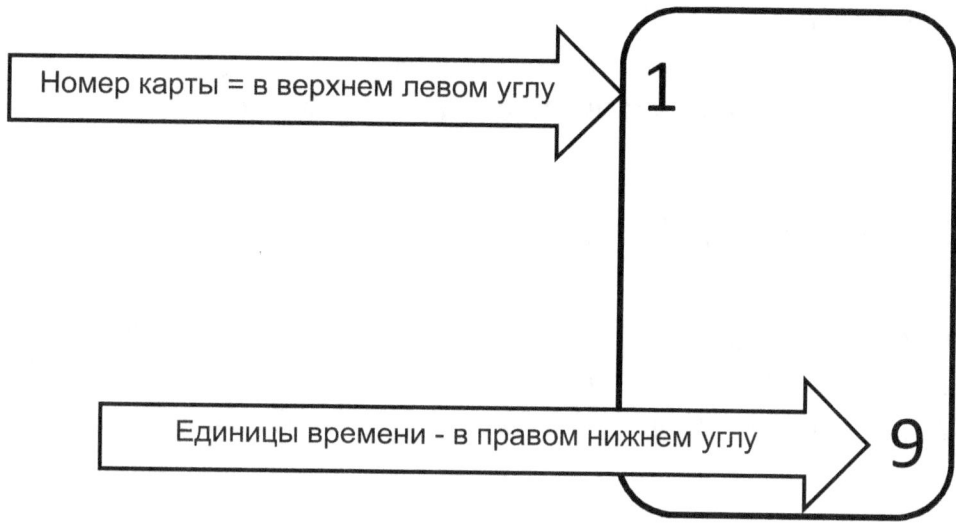

Оригинальная колода состоит из 36 карт.

36 карт Ленорман были переработаны около десяти лет назад художником Киро Марчетти. В последние годы художник выпустил набор из 44 карт, эта расширенная колода содержит еще 8 предупреждающих карт: карты 37-44. На мой взгляд, неправильно прикасаться к оригиналу, изменять или добавлять к 36 оригинальным карточкам, которые существуют уже сотни лет. Эти 8 дополнительных карт не обязательны, но информация о них есть в книге, и вы можете выбрать, использовать ли их либо оставить неиспользованными в нижней части коробки карт.

Для каждой карты = 2 страницы объяснения для парного чтения карты с исходными 36 картами (например, объяснения карты #1 - на страницах 12-13). Пояснения к картам с номерами 37- 44 можно найти в последней части книги.

Колода содержит 3 карты, которые появляются в наборе дважды!!

Выберите одну из них для своего использования, а копию сохраните внизу набора карт под брошюрой с кратким объяснением, которая прилагается к каждой колоде.

Двойные карты:

- Карта 12 - Птицы (исходная карта) или Совы (обновленная карта)
- Карта 28 - Одетый мужчина (исходная карта) или Обнаженный мужчина (обновленная карта).
- Карта 29 - Одетая женщина (исходная карта) или Обнаженная женщина (обновленная карта).

Что особенного в картах Ленорман?

Неважно, разложили ли вы и прочитали карточки сверху вниз и / или снизу вверх, **ответ всегда останется таким же, без изменения** = Различные пути ведут к одному пути судьбы, спланированным человеком еще до его рождения. <u>Все известно</u> = существует лишь один путь судьбы. <u>Человеку дан выбор</u>, и он сам выбирает между несколькими вариантами реализации своей судьбы.

Способ чтения карт

1. Начните расклад колоды карт группами по три карты, ряд за. Поначалу разложите только 9 карт как показано ниже, а с практикой - каждый раз добавляйте дополнительный ряд карт, пока все карты они не будут выложены.

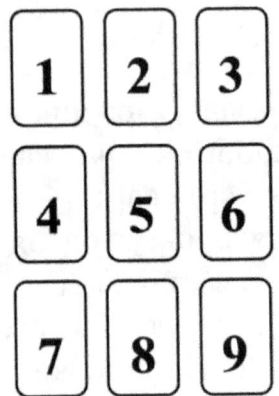

2. Читаем карты всегда парами

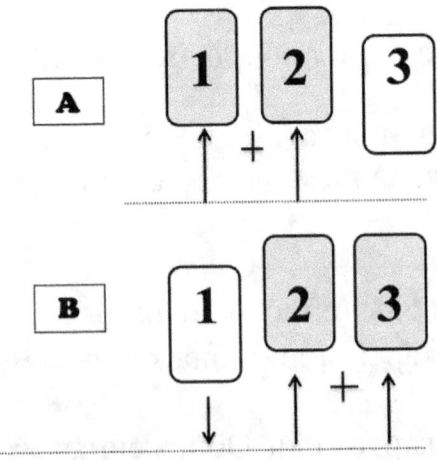

3. Затем спускаемся на следующий ряд, карта #3 спускается во второй ряд налево от карты #4, и снова продолжаем читать карты парами, как показано ниже.

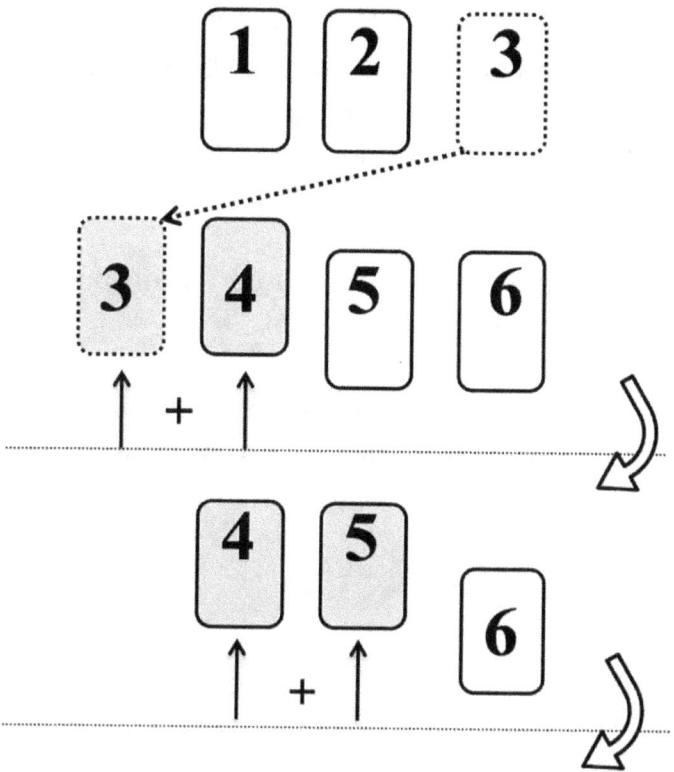

Значение / интерпретация карт

1. Поместите и начните толковать карту слева направо (если вы правша, то можете выкладывать ее справа налево). Каждый раз, когда вы переходите к следующему ряду карт, направление будет следующим: сверху вниз

Читаем карты по парам.
Карта справа = тематическая карта.
Карта слева = пояснительная карта, объясняющая карту справа

То есть, каждая последующая карта объясняет карту, стоящую перед ней.

Читайте попарно - см. таблицу ниже:
Карта 1 - тема, карта 2 – объясняет карту 1. Затем, при чтении следующей пары, карта 2 становится темой, а карта 3 объясняет ее.

Далее: карта 3 становится темой, а карта 4 объясняет ее, и так далее ... Мы получаем полную интерпретацию расклада в виде рассказа.

Карта темы представляет собой номер карты. Вы найдете ее полное объяснение открыв книгу на странице с номером карты. Например, интерпретация карты #1 находится на странице 12. Название и значение самой карты темы, описано под заголовком.

Карта объяснения - На странице нужной карты найдите **объяснение для карты темы в таблице**, которая занимает 2 страницы. Например, на страницах 12-13. Найдите в таблице **номер карты объяснения** и прочтите толкование. Вы также можете добавить к таблице свою интерпретацию, основанную на вашей интуиции.

** Желательно записать или заснять толкование полученного вами расклада карт.

Сначала выполняется толкование 9 карт = 3 строки х 3 карты, с опытом – в расклад каждый раз добавляется еще одна строка, пока не будет выложен весь набор карт.

2. Когда вы закончите читать расклад карт Ленорман сверху вниз, **продолжайте чтение (интерпретацию) снизу вверх.**

Слева направо: столбец А - читаем снизу вверх, переходим на столбец В и снова читаем снизу вверх, затем переходим на последний столбец С и также читаем расклад снизу вверх.

Заканчиваем чтение, замкнув круг:

Берем последнюю карту: нижнюю карту справа (см. пример на иллюстрации ниже) - карту #9 и прикрепляем ее к исходной карте раскладки: верхняя карта слева (см. пример на иллюстрации ниже) - карта #1.

Читаем расклад карт сверху вниз попарно:

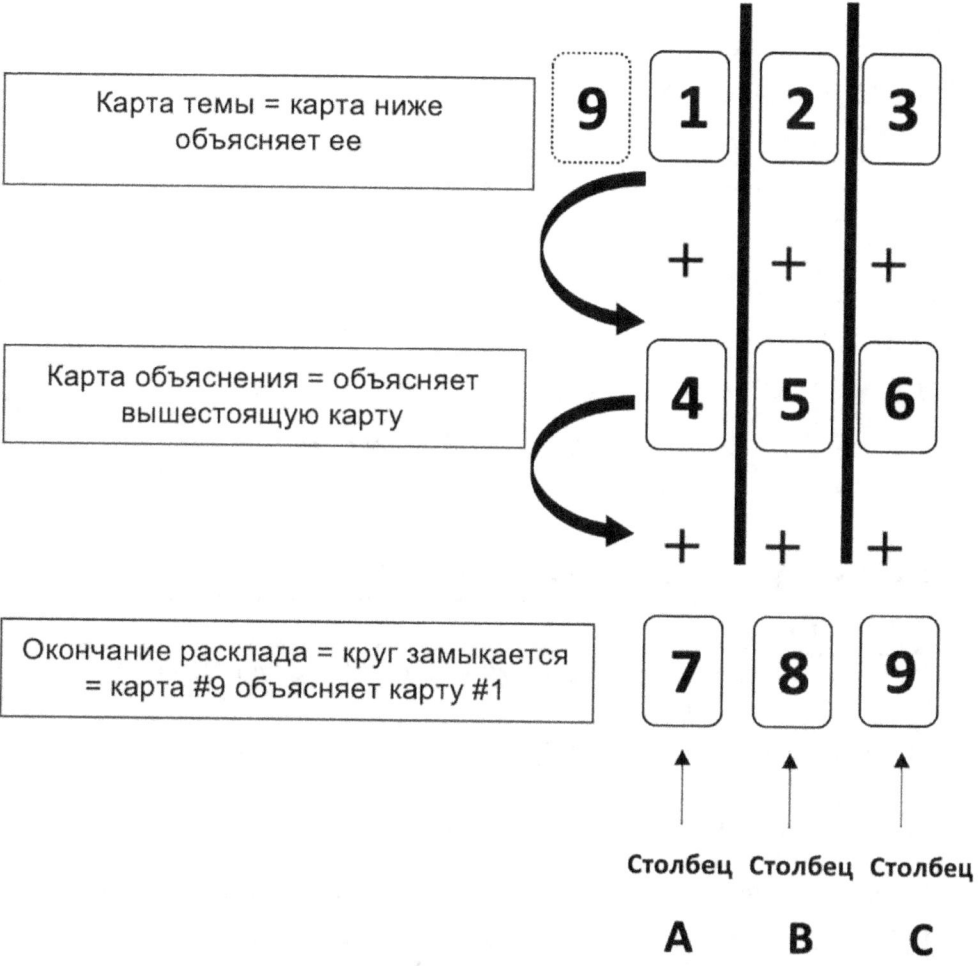

Карта 1: Всадница

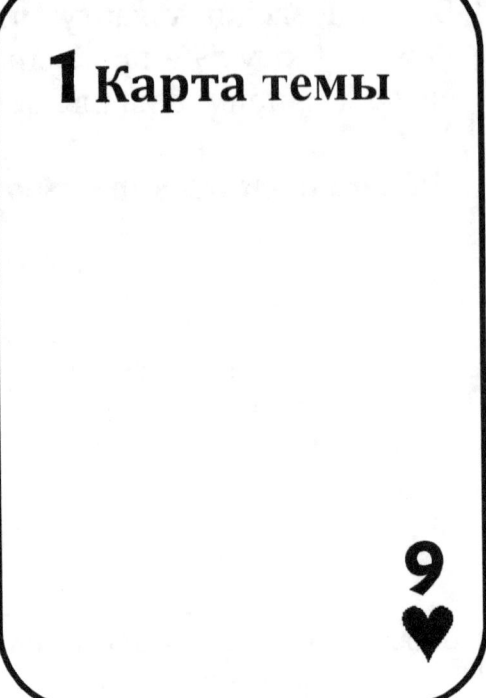

1 Карта темы

9 ♥

Начало, новость, неожиданность, передача информации, изменение, переход, возможности + <u>ваша интуиция</u>.

- Время (9 червей - внизу справа): январь, единицы времени - 1, 9 (часы, дни, месяцы, годы). *Примечание: цифры 1 или 9 могут означать количество лет/месяцев/дней/часов или конкретный год, месяц, день, час - в зависимости от контекста.*

Комбинация карты 1 с картой пояснения

#	Карта	Значение
2	Клевер	Хорошая возможность, радостное сообщение, успокоение, перемены к лучшему.
3	Корабль	Путешествие, поездка, заграница, письмо, языки, сообщества, знакомства
4	Дом	Переезд, имущество, ремонт, перемена, приезд гостей.
5	Дерево	Новости, здоровье, заграница, соответствие, судьба, исцеление, выздоровление.
6	Тучи	Неизвестная, частичная информация, манипуляции, разоблачение, карма
7	Змея	Опасность, утаивание, недоверие, разоблачение, манипуляция, испытания.
8	Смерть	Конец, переход, изменение, психические трудности, разлука, разрыв, облегчение
9	Букет	Спокойствие, счастливое послание, возможности, выход, свобода.
10	Серп	Скорость, разоблачение, порез, разрыв, разделение, операция, авария.
11	Кнут	Жалоба, критика, разногласия, разоблачение, исследование, посредничество.
12	Птицы	Средства Массовой Информации (СМИ), общение, сплетни, убеждение, понимание, сообщество, сотрудничество

Комбинация карты 1 с картой пояснения

13	Ребенок	Беременность, роды, дети, начало, невинность, творчество.
14	Лиса	Высокомерие, опасность, обман, недоверие, манипуляции
15	Медведь	Медленное развитие событий, терпение, квалифицированный человек, накопленные знания
16	Звезды	Кармическая связь, развитие, духовность, надежда, предсказание.
17	Аист	Приход нового, рождение, создание, прогресс, изменение, переход
18	Собака	Новость, близкий человек, сообщество, партнерство, надежность, обязательность.
19	Башня	Государственное учреждение, известная персона, новое предложение, контроль.
20	Сад	Публичное заявление, интернет, сообщество, встречи, общение.
21	Гора	Изменение, отказ, освобождение, упрямство, сопротивление, тупик, безвыходное положение
22	Перекресток	Возможности, изменение, выбор, процесс, развитие, обучение.
23	Мыши	Стресс, отсутствие общения, проблемы, слабое здоровье.
24	Сердце	Влюбленность, признание, искренность, партнерство, любовь, отношения, связь.
25	Кольцо	Предложение, согласие, прогресс, отношения, сообщество, сплоченность
26	Книга	Проект, создание, написание, сообщение, конфиденциальная информация, знания, исследования
27	Письмо	Документ, договор, уведомление, признание, завещание, сообщение, связь.
28	Мужчина	Мужчина, мужская частота, советник, влиятельный человек, эго, контроль.
29	Женщина	Женщина, женская частота, советник женского рода, влиятельная, сострадательная, лидер.
30	Лилии	Новости, сексуальность, общение, спокойствие, возможности, экстремизм
31	Солнце	Вступление в силу, правда, справедливость, достижения, огласка
32	Луна	Настроения, грусть, связь с ночным временем суток, изоляция, признание, детство.
33	Ключ	Решение, понимание, внесение изменений, исцеление, урок, карма.
34	Рыбы	Информация, бизнес-консалтинг, инвестиции, прогресс, партнеры.
35	Якорь	Стабильность, постоянство, перемены, упорство, высокомерие, прогресс.
36	Крест	Замыкание круга, судьба, карма, совет, духовный или религиозный человек.

Карта 2: Клевер

Кратковременная радость, успокоение,
кратковременное, возможность,
перемены к лучшему, инициатива +
ваша интуиция.
Время (6 бубен - внизу справа):
февраль, единицы времени - 2,6 (часы,
дни, месяцы, годы). *Примечание:
цифры 2 или 6 могут означать
количество лет/месяцев/дней/часов
или конкретный год, месяц, день, час -
в зависимости от контекста*

Комбинация карты 2 с картой пояснения

#	Карта	Значение
1	Всадница	Обнадеживающая новость, положительное сообщение, сообщество, предсказание.
3	Корабль	Поездка, заграница, переезд, отпуск, языки, обучение, путешествия
4	Дом	Радость в доме, неожиданность, удача, возможности, работа/бизнес из дома.
5	Дерево	Здоровье, укрепление, восстановление, исцеление, выздоровление, улучшение
6	Тучи	Кратковременное счастье, отмена, отказ, неизвестность, страхи, беспокойства
7	Змея	Консультация, забота, профессионал, накопление знаний, осторожность, мошенничество.
8	Смерть	Хэппи-энд, облегчение, отъезд, свобода, продвижение по службе, сертификат
9	Букет	О`блегчение, подарок, сертификат, признание, кратковременное счастье, временный успех.
10	Серп	Счастливая остановка, окончание, расставание, приостановка, анализ, критика.
11	Кнут	Посредничество, конструктивная критика, сплетни, клевета, что ни делается – все к лучшему.
12	Птицы	Положительные отзывы, связь, коммуникация, признание, сотрудничество, улучшение.

Комбинация карты 2 с картой пояснения

13	Ребенок	Начало, дети, ребячество, наивность, временная радость.
14	Лиса	Знания от профессионала, осторожность, манипуляции, притворство.
15	Медведь	Правильная коммуникация/связь, терпение приведет к успеху, накопление знаний.
16	Звезды	Успех, общение, языки, общение, ясновидение, оракул, реклама.
17	Аист	Улучшение, переход, важное решение, продвижение к лучшему.
18	Собака	Верная дружба, благоприятная среда, доверие, соответствие, партнерство.
19	Башня	Уважение, эго, иерархия, доброжелательное соглашение, удача, органы власти.
20	Сад	Надежда, реклама, сотрудничество, сообщество, интернет, творчество
21	Гора	Ограничение, задержка во благо, законы, нарушение свободы, изменение.
22	Перекресток	Начало нового пути, судьба, выбор, отличные возможности.
23	Мыши	Потери, трудности, проблемы, невезение, манипуляции, ложь.
24	Сердце	Любовь, успех, отношения, открытость, помощь, волонтерство.
25	Кольцо	Приверженность, созревание, обязательство, соглашение, контракт, брак.
26	Книга	Положительная информация, воздействие, исследования, открытия, письмо, положительные отзывы.
27	Письмо	Информация, помощь, обратная связь, временное сообщение, заверение, признание.
28	Мужчина	Мужская частота, поощрение, юмор, дельный совет, знаток.
29	Женщина	Женская частота, поощрение, юмор, дельный совет, знаток женского рода.
30	Лилии	Сексуальность, эстетика, предпочтения, варианты, дизайн, изменение.
31	Солнце	Осуществление, разоблачение, открытие, быстрое правосудие, публикация, реклама.
32	Луна	Эмоции, грусть, сплетни, критика, уязвимость, смешанные эмоции.
33	Ключ	Путь к успеху, советы, идеи, сотрудничество, сообщество.
34	Рыбы	Кратковременный успех, маркетинг, совместное, советы, встречи.
35	Якорь	Кратковременная стабильность, доверие, иллюзия, планирование, судьба, путешествие.
36	Крест	Благословение, замыкание круга, карма, обучение, духовность или религии.

Карта 3: Корабль

Поездка, изменение, переход, отъезд, заграница, языки, путешествие, расстояние, дальняя связь + <u>ваша интуиция</u>.

- Время (10 пик - внизу справа): март, единицы времени - 10,3 (часы, дни, месяцы, годы). *Примечание: цифры 10 или 3 могут означать количество лет/месяцев/дней/часов или конкретный год, месяц, день, час - в зависимости от контекста.*

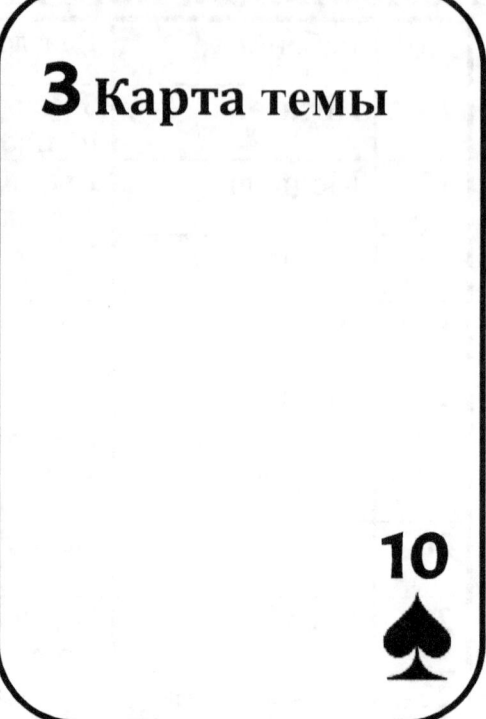

Комбинация карты 3 с картой пояснения

#	Карта	Значение
1	Всадница	Прогресс, сообщение, обратная связь, что-то возвращается к вам.
2	Клевер	Радостное путешествие, корректирующий опыт, короткая поездка.
4	Дом	Изменения, переезды, расставания, возвращение домой.
5	Дерево	Духовное путешествие, жажда испытаний и эмоций, отсутствие здоровья.
6	Тучи	Отмененное путешествие, неизвестность, дискомфорт.
7	Змея	Сложность, опоздание, маска, ненадежность, отказ в переходе.
8	Смерть	Отмена, отсрочка, болезнь, конец, смерть, изменение планов.
9	Букет	Удачная поездка, благословенное путешествие, небольшие трудности.
10	Серп	Пауза, авария, отъезд.
11	Кнут	Сложное путешествие, полемика, критика, пауза.
12	Птицы	Информация на разных языках, общение с заграницей, турист, туризм

Комбинация карты 3 с картой пояснения

13	Ребенок	Беременность, фертильность, усыновление, ребенок за границей, поездка, ребенок, оторванный от дома.
14	Лиса	Мошенничество, иллюзия, необходимость расследования, ненадежный бизнес.
15	Медведь	Медленный процесс, промедление, задержка, профессионал из-за границы, тоска.
16	Звезды	Реинкарнация (продолжение путешествия предыдущих воплощений), замыкание круга, полет, отпуск
17	Аист	Изменения на подходе, переходы, миграция
18	Собака	Друг за границей, гид, путешествие с другом.
19	Башня	Командировка, повышение по службе, прием на новую или руководящую должность.
20	Сад	Переходный период, интернет, языки, международные отношения, сообщество, поддержка.
21	Гора	Отложенное путешествие, отмена, перенос, восхождение, поездка в гористую местность.
22	Перекресток	Выбор пути и путешествия, компромисс, посредничество, переход, изменение.
23	Мыши	Трудный переход, разочаровывающая поездка, отмена, задержка.
24	Сердце	Путешествие с любимым человеком, идти по зову сердца, расставание с любимым человеком.
25	Кольцо	Надежный контракт, договор с заграницей, брак, поездка за границу.
26	Книга	Секретное путешествие или изменение, путешествие с пониманием.
27	Письмо	Связь на расстоянии или из-за границы, информация издалека, путешествие.
28	Мужчина	Мужская частота, человек из-за границы, говорящий на иностранном языке, удаленный контакт.
29	Женщина	Женская частота, женщина из-за границы, говорящая на иностранном языке, удаленный контакт.
30	Лилии	Романтические отношения, сексуальные переживания, организованная поездка, группа путешественников.
31	Солнце	Публикация, общение с заграницей, глубинка, поездка в жаркие страны.
32	Луна	Неиспользование, иллюзии, духовное путешествие, одиночество, укрепляющее путешествие.
33	Ключ	Судьба, кармическое путешествие, духовность, идеи, полученные в результате путешествий.
34	Рыбы	Дорогое путешествие, бизнес, импорт и экспорт, средства из-за границы, партнеры.
35	Якорь	Длительное пребывание, работа по удаленке, работа за границей, постоянство.
36	Крест	Судьбоносное путешествие, духовное путешествие, замыкающий круг, уход во благо духовного роста.

Карта 4: Дом

Дом, собственность, семья, безопасность, отношения, выздоровление, стабильность, доверие + <u>ваша интуиция</u>.

- Время (11, Король червей - внизу справа): апрель, единицы времени - 11,4,2 (часы, дни, месяцы, годы). *Примечание: цифры 11, 4 или 2 могут означать количество лет/месяцев/дней/часов или конкретный год, месяц, день, час - в зависимости от контекста.*

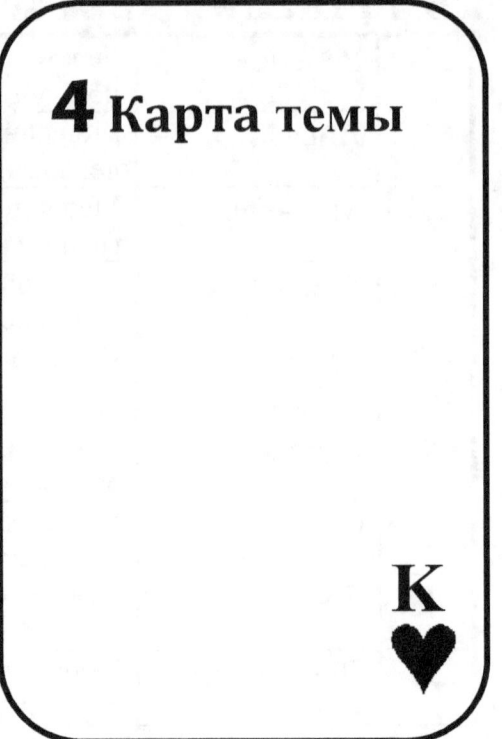

4 Карта темы

K ♥

Комбинация карты 4 с картой пояснения

#	Карта	Значение
1	Всадница	Уведомление о собственности, информация о домочадцах, гость, новый роман.
2	Клевер	Перемены к лучшему, хорошая семья, удачное месторасположение, партнеры.
3	Корабль	Смена места жительства, переезд за границу, отъезд, разлука, развод.
5	Дерево	Здоровье в доме, духовная семья, больница, лечебный центр.
6	Тучи	Неуверенность, неустойчивый дом, семейная нестабильность, секреты.
7	Змея	Домашнее насилие, проблемы в доме, контроль и власть.
8	Смерть	Продажа имущества, распад, развод, болезни, пустующее имущество.
9	Букет	Удача в доме, счастливый дом, хорошо спроектированный дом, покупка недвижимости, стабильность.
10	Серп	Расставание, продажа, развод, внезапная разлука.
11	Кнут	Критика со стороны домочадцев, споры, конфликты, контроль, насилие.
12	Птицы	Партнеры по недвижимости, медиа-хаус, множественные коммуникации, сплетни.

Комбинация карты 4 с картой пояснения

13	Ребенок	Дом детства, учебное заведение, дети, гости, ребячество.
14	Лиса	Мошенничество, осторожность в делах, манипуляции, недоверие к члену семьи.
15	Медведь	Доход от недвижимости, владение собственностью, экономическое изобилие, знания, полученные от человека
16	Звезды	Ваше месторасположение в мире, удачное месторасположение, гармония тела и разума.
17	Аист	Изменения и переезд, обновление и расширение жилища, сюрприз в доме.
18	Собака	Надежный друг, хороший партнер, сожительство, партнеры, животные
19	Башня	Сложная сделка, элитная недвижимость, дом за границей, бизнес.
20	Сад	Сообщество, интернет, месторасположение, большая семья, дом с садом, дом
21	Гора	Отъезд, необходимые изменения, проблема с имуществом, ограничение, ремонт.
22	Перекресток	Потребность в решении, смена места жительства, компромисс, наследники.
23	Мыши	Стресс в доме, враги в кругу семьи, подозрительность, проблемы с имуществом.
24	Сердце	Тихий дом, энергичный терапевтический дом, любящая семья, творчество
25	Кольцо	Составление договора, договор, купля-продажа, наследство.
26	Книга	Семейные секреты, письмо, общение, получение знаний, рабочий кабинет.
27	Письмо	Составление договора, договор, соглашение, наследство, порядка дома, приведение в порядок документов
28	Мужчина	Мужская частота, общение, владелец недвижимости, стабильный богатый мужчина, богач.
29	Женщина	Женская частота, общение, владелица недвижимости, стабильная обеспеченная женщина.
30	Лилии	Многочисленные активы, сообщество, гармония и безмятежность, сексуальная активность.
31	Солнце	Реализация активов, счастье, исполнение, многочисленные затраты.
32	Луна	Дом мечты, иллюзия, жалобы на дом.
33	Ключ	Продажа / покупка недвижимости, духовного места, домашнего бизнеса, занятие творчеством дома.
34	Рыбы	Многочисленные активы, множество занятий, работа из дома, независимость
35	Якорь	Стабильность, уверенность, многолетняя работа, пристрастие к работе, трудоголик.
36	Крест	Судьба с небес, карма, замыкающий круг, духовный дом, молитвенный дом.

Карта 5: Дерево

Здоровье, исцеление, стабильность, жизнь, семья, отдых, сообщество, знание, проницательность + <u>ваша интуиция.</u>

- Время (7 червей - внизу справа): май, единицы времени - 5,7 (часы, дни, месяцы, годы). *Примечание: цифры 5 или 7 могут означать количество лет/месяцев/дней/часов или конкретный год, месяц, день, час - в зависимости от контекста.*
- *зависимости от контекста.*

Комбинация карты 5 с картой пояснения

#	Карта	Значение
1	Всадница	Уведомление о состоянии здоровья, духовная встреча, улучшение, выздоровление.
2	Клевер	Улучшение здоровья, облегчение, выздоровление, кратковременная удача.
3	Корабль	Знание о здоровье, духовное путешествие, тоска, умение отпустить
4	Дом	Тематика здоровья в доме, стабильное здоровье, больница, место
6	Тучи	Неустойчивое здоровье, неточные знания, неуверенность.
7	Змея	Болезни, проблемы со здоровьем, трудности, манипуляции.
8	Смерть	Выздоровление, смерть, тяжелая болезнь, слабые жизненные силы, переутомление.
9	Букет	Исцеление, крепкое здоровье, хорошие новости.
10	Серп	Прекращение лечения, операция, разлука, психическое/душевное восстановление, естественное исцеление.
11	Кнут	Сопротивление, упрямство, критика, затяжной конфликт, длительная/хроническая болезнь.
12	Птицы	Коммуникация, медицинские знания, конфиденциальная информация, влияние, надежность, дружеские отношения.
13	Ребенок	Крепкое здоровье, начало, беременность, перевоплощение, дальновидность/предвидение.

Комбинация карты 5 с картой пояснения

14	Лиса	Ненадежные знания, мошенничество, связанное со здоровьем, проблемы со здоровьем, трудовой стаж.
15	Медведь	Профессионал, затяжная ситуация, расстройства пищеварения, скрытые заболевания.
16	Звезды	Лечение, исцеление, целитель, источник воплощений, кармическая связь.
17	Аист	Приближаются перемены, восстановление сил, выздоровление, рождение, исцеление.
18	Собака	Родственная душа, спутник жизни, надежный человек, внимание, терапевт, целитель.
19	Башня	Власти, лечебное учреждение, принуждение, альтернативный лечение, одиночество.
20	Сад	Поддерживающее сообщество, интернет, связи/знакомства, пациенты, медицинское учреждение.
21	Гора	Душевная блокировка, утомляемость, эгоизм, отсутствие течения, невосприимчивость/бестолковость, проблемы.
22	Перекресток	Очищение, душевная и медицинская помощь, исполнение судьбы, судьбоносное решение.
23	Мыши	Болезнь, обострение, стресс, страх, беспокойство, упадок сил.
24	Сердце	Любовь, жизнелюбие, крепкое здоровье, проблемы кровеносной или сердечно-сосудистой системы.
25	Кольцо	Долголетие, длительное партнерство, кармическая связь, договор, соглашение.
26	Книга	Тайна, скрытая болезнь, медицинские знания, проблемы со здоровьем.
27	Письмо	Завещание, договор, контракт, медицинские знания, медицинский документ.
28	Мужчина	Мужская частота, целитель, врач, болезнь, родственная душа, спутник по жизни
29	Женщина	Женская частота, целитель, врач, болезнь, родственная душа, партнер.
30	Лилии	Проблемы со здоровьем, сексуальные проблемы, климакс, старость.
31	Солнце	Результаты, улучшение, хорошее здоровье, нарастающая энергия, выявление болезней.
32	Луна	Психические и эмоциональные проблемы, грусть, депрессия, тревожные мысли.
33	Ключ	Утверждение, решение, продление жизни, кармический урок, прозрение.
34	Рыбы	Множество проблем, изобилие, выбор, разные методы лечения.
35	Якорь	Постоянство, стабильное здоровье, строительство места для лечения, иммунная система.
36	Крест	Смерть, окончание, замыкание круга, потеря стабильности, знания из предыдущего воплощения.

Карта 6: Тучи

Неизвестность, неясность, нестабильность, опасения, беспокойство, перепады настроения, терпение + <u>ваша интуиция</u>.

- Время (11, Король треф - внизу справа): июнь, единицы времени - 11,6,2 (часы, дни, месяцы, годы). *Примечание: цифры 11, 6 или 2 могут означать количество лет/месяцев/дней/часов или конкретный год, месяц, день, час - в зависимости от контекста.*

Комбинация карты 6 с картой пояснения

#	Карта	Значение
1	Всадница	Неполная весть, двусмысленность, противоречивая информация, неточное сообщение.
2	Клевер	Кратковременная радость, благоприятное разочарование, небесные промедления.
3	Корабль	Неясное путешествие, задержка, отсрочка, удача будет отложена, принудительное закрытие.
4	Дом	Домашние трудности, временное жилье, неясная сделка, борьба, насилие.
5	Дерево	Неточная информация, проблемы со здоровьем, выздоровление, зависимость, разрушение
7	Змея	Предупреждение, скрытая проблема, сложные отношения.
8	Смерть	Угасание, окончание, медленное выздоровление, психические проблемы, поиск решения.
9	Букет	Терпение окупается, подготовка, удача, улучшение ситуации.
10	Серп	Расставание к лучшему, разрыв, разоблачение, торжество справедливости, конец периода.
11	Кнут	Ссоры, длительные дискуссии, критика, оскорбления, надругательство, домогательство.
12	Птицы	Реклама, сплетни, недоверие, ложная информация.
13	Ребенок	Конфиденциальная информация, проблемы с детьми, улучшения, неточное предвидение.

Комбинация карты 6 с картой пояснения

14	Лиса	Мошенничество, скрытые знания, ложь, контроль, ненадежность.
15	Медведь	Нестабильное управление, медленный процесс, подозрительность, лживый человек
16	Звезды	Воспоминания прошлых воплощений, частичные воспоминания, кармический урок, фантазия.
17	Аист	Грядет неясное, опасный маневр, перемена, неопределенная ситуация.
18	Собака	Секреты, трудности в дружеских отношениях, ненадежность, плохая рассудительность.
19	Башня	Неизвестность, государственная процедура, трудности с государственными учреждениями, судебные процессы, посредничество.
20	Сад	Сообщество, небезопасная компания, интернет, неудобства, секреты.
21	Гора	Блокировка, навязчивая идея, плохая осмотрительность, скрытые препятствия
22	Перекресток	Нестабильность, шаткое решение, страхи, посредничество.
23	Мыши	Скрытые проблемы, притворство, сомнения, нестабильность, мошенничество.
24	Сердце	Проблемы с сердечно-сосудистой или кровеносной системой, недоверие, двусмысленность в отношениях, измены.
25	Кольцо	Системные проблемы, тяжелое партнерство, недоверие, предательство.
26	Книга	Скрытые знания, секреты медленно раскрываются, откроется новая информация.
27	Письмо	Иллюзия, ложная информация, недостоверный документ, скрытые знания.
28	Мужчина	Мужская частота, недоверие, секреты, власть, душевные проблемы.
29	Женщина	Женские частоты, недоверие, секреты, напористость, душевные проблемы.
30	Лилии	Сексуальная эксплуатация, душевные расстройства, проблемы с сексом / фертильностью, тайные связи.
31	Солнце	Раскрываются тайные знания, ситуация улучшается, успех после неудачи.
32	Луна	Настроение, секреты, душевная нестабильность, переутомление, проблемы со здоровьем.
33	Ключ	Скрытый успех, нестабильная почва, развивающееся сознание.
34	Рыбы	Скрытые деньги, финансовые проблемы, незаконные операции, ссуды.
35	Якорь	Нестабильность, скрытые знания, окончание периода.
36	Крест	Неясная судьба, замыкающийся круг, замена духовного наставника.

Карта 7: Змея

Мошенничество, соблазн, манипуляция, ложь, контроль, вред, осторожность, подозрение + <u>ваша интуиция</u>.

- Время (12, Дама треф - внизу справа): июль, единицы времени - 3,7,12 (часы, дни, месяцы, годы). *Примечание: цифры 3, 7 или 12 могут означать количество лет/месяцев/дней/часов или конкретный год, месяц, день, час - в зависимости от контекстазависимости от контекста.*

Комбинация карты 7 с картой пояснения

#	Карта	Значение
1	Всадница	Встреча с человеком, обладающим властью, неблагоприятное влияние, травма, манипуляция.
2	Клевер	Ложь, разоблачение, краткосрочные возможности, исправление.
3	Корабль	Подозрительное путешествие, сложный переход, трудности, задержки, иллюзии.
4	Дом	Проблемы дома, тяжелая энергетика, трудности в отношениях, ремонт.
5	Дерево	Неустойчивость, проблемы со здоровьем, болезни, подозрения.
6	Тучи	Негативное влияние, безвыходная ситуация, подвох, порочный инстинкт
8	Смерть	Завершение, осложнения, облегчение, изменение, переход, смерть.
9	Букет	Переворот к лучшему, справедливость, проверка, смягченное наказание.
10	Серп	Найденный выход, решение проблемы, ускорение, расставание, справедливость, смерть.
11	Кнут	Критика, контроль, борьба, раскрытие правды, правосудие.
12	Птицы	Сплетни, клевета, вредоносные средства связи, недоверие, манипуляции.
13	Ребенок	Ребячество, упрямство, критика, милосердие к самому себе, обида, ранение

Комбинация карты 7 с картой пояснения

14	Лиса	Манипуляция, конкуренция, недоверие, ложь, мошенничество.
15	Медведь	Медленный процесс, опытный человек, мошенничество, обман, плохой менеджмент/управление.
16	Звезды	Кармический урок, подозрительное решение, обман, ненадежность.
17	Аист	Выявление, проблемы приближаются, посредничество, творческое решение.
18	Собака	Ненадежность, притворство, манипуляции, прерывание дружеских отношений.
19	Башня	Судебное разбирательство, коррупция, власть и контроль, человек на руководящей позиции, решение, разрыв.
20	Сад	Коррупция, интернет, недоверие, ложные сообщения в СМИ, сплетни.
21	Гора	Ожидание, завершение, блокировка, затяжные трудности, высокомерие, упрямство.
22	Перекресток	Трудности в решении, проблемы в посредничестве, манипуляции, разлучение.
23	Мыши	Проблема, страх, интриги, плохое планирование, недоверие, неприятности.
24	Сердце	Противник, подстрекательство, притворство, любовник, ложные чувства, проблемы со здоровьем.
25	Кольцо	Осторожность с контрактами, чрезмерная гибкость, мошенничество, тщательная проверка.
26	Книга	Секреты, ложь, роман, темные знания, магия, сокрытие информации.
27	Письмо	Искажение информации, ненадежные СМИ, сплетни, противоречивая информация.
28	Мужчина	Мужская частота, злоупотребление доверием, манипуляции, власть и контроль.
29	Женщина	Женская частота, злоупотребление доверием, манипуляции, власть и контроль.
30	Лилии	Разная сексуальная ориентация, секс, педофилия, насилие, отклонения, решения.
31	Солнце	Публикации, раскрытие правды, справедливость, нервозность, огласка, сплетни.
32	Луна	Одиночество, стресс, грусть, депрессия, иллюзия, потеря.
33	Ключ	Скрытое решение, осознанность, эгоизм и упрямство, скромность, ответственность.
34	Рыбы	Деловая афера, финансовые проблемы, убытки, манипуляции.
35	Якорь	Проблема, апелляция, приговор, решение, повторное рассмотрение.
36	Крест	Кармический урок, культ, контроль, страдание, духовное превосходство.

Карта 8: Смерть

Завершение, разлука, освобождение, облегчение, переход, болезнь, смерть, разрыв, тоска + ваша интуиция.

- Время (9 бубен - внизу справа): август, единицы времени – 8,9 (часы, дни, месяцы, годы). *Примечание: цифры 8 или 9 могут означать количество лет/месяцев/дней/часов или конкретный год, месяц, день, час -в зависимости от контекста.*

Комбинация карты 8 с картой пояснения

#	Карта	Значение
1	Всадница	Сообщение, расставание, новое начинание, смерть или рождение
2	Клевер	Возрождение, второй шанс, зрелость, регенерация, обновление.
3	Корабль	Переезд, разрыв отношений, новое начало, смерть, иммиграция, посредничество.
4	Дом	Купля/Продажа недвижимости, окончание, завершение, развод, завершение, ремонт.
5	Дерево	Слабое здоровье, слабость, проблемы с психикой, нестабильность, смерть.
6	Тучи	Нестабильное положение, психическое заболевание, боязнь окончания, зависимость, требует проверки.
7	Змея	Устранение проблем, психическое заболевание, болезнь с осложнением, депрессия.
9	Букет	Выздоровление, критика, похороны, расставание, предательство, отмена визита.
10	Серп	Разрыв, смерть, внезапная болезнь, несчастный случай, самопожертвование.
11	Кнут	Сопротивление, критика, самоуничтожение, страх, контроль, ссоры, эго.
12	Птицы	Умалчивание, отключение, окончание, изоляция, скрытые сплетни
13	Ребенок	Больной ребенок, завершение, самоуничтожение, критика, насилие, доминирование.

Комбинация карты 8 с картой пояснения

14	Лиса	Завершение мошенничества, иллюзий, недоверия, раскрытие правды, прекращение лжи.
15	Медведь	Длительная болезнь, слабость, незащищенность, смерть, ясновидение.
16	Звезды	Реинкарнация, проблемы со сном, кармический урок, ясновидение, исцеление.
17	Аист	Прекращение, освобождение, решение проблем, древние знания, народная медицина, смерть.
18	Собака	Разрыв с другом, смерть, недоверие, обмен предшествующими знаниями.
19	Башня	Конец коррупции, падение, увольнение, захоронение, ясновидение.
20	Сад	Раскрытие правды, интернет, захоронение, отмена, сокращение, закрытие, изоляция.
21	Гора	Пауза, отмена, капитуляция, конец, блокировка, изменение и переход.
22	Перекресток	Переходы, реинкарнация, продление времени, свобода, разделение.
23	Мыши	Утрата, конец, самоуничтожение, психическая проблема, медленное выздоровление.
24	Сердце	Потеря, горе, приступ, эмоциональная уязвимость, разобщенность, разлука, травма.
25	Кольцо	Разлука, смерть, конец, кармический урок, замыкающийся круг, начало.
26	Книга	Тайна будет раскрыта, общение с усопшими, писание, расследование.
27	Письмо	Расторжение договора, диагноз, заявление, смерть, завещание, наследство.
28	Мужчина	Мужская частота, болезнь, смерть, прекращение, подготовка, психические проблемы, слабость.
29	Женщина	Женская частота, болезнь, смерть, прекращение, подготовка, психические проблемы, слабость.
30	Лилии	Старение, эстетика, снижение сексуальности, разлука, духовный опыт.
31	Солнце	Свобода, возрождение, духовный опыт, публикация, воплощение.
32	Луна	Депрессия, проблемы с психикой, конец разочарований, конец печали, выход из изоляции.
33	Ключ	Решение, судьба, разлука, облегчение, свобода, карма.
34	Рыбы	Деньги кончаются, остановка, продвижение по службе откладывается, увольнение, зависимость.
35	Якорь	Постоянство, выживаемость, неизлечимая болезнь, трудности, стагнация.
36	Крест	Конец, восстановление, кармическое очищение, освобождение, смерть, духовный или религиозный человек

Карта 9: Букет

Добрая весть, радость, начало, изобилие, ценность, творчество, сотрудничество + <u>ваша интуиция</u>.

- Время (12, Королева пик - внизу справа): сентябрь, единицы времени - 3,9,12 (часы, дни, месяцы, годы). *Примечание: цифры 3, 9 или 12 могут означать количество лет/месяцев/дней/часов или конкретный год, месяц, день, час - в зависимости от контекста.*

Комбинация карты 9 с картой пояснения

#	Карта	Значение
1	Всадница	Радостная новость, подарок, поездка, успех, приглашение, сообщество.
2	Клевер	Удача, приглашение, наслаждение, положительный отзыв, успех, кратковременная радость.
3	Корабль	Изменения и легкий переезд, успешное путешествие, хорошие жилищные условия.
4	Дом	Удачный переезд, здоровые отношения, изобилие, дизайн.
5	Дерево	Хорошие отношения, крепкое здоровье, восстановление, общение, ясновидение, обширные знания.
6	Тучи	Иллюзия, праздность, беспокойство, чрезмерная отдача, самокритика.
7	Змея	Ревность, иллюзия, ненадежность, притворство, подозрительность.
8	Смерть	Отмена встречи, похороны, увольнение, разлука, окончание процесса
10	Серп	Компромисс, сокращение процесса, сюрприз, пластическая хирургия, коррекция фигуры.
11	Кнут	Конструктивная критика, искусство, контроль, строгость, сексуальность, чрезмерная отдача.
12	Птицы	Приятные разговоры, положительный отзыв, посредничество, огласка, дружба.

Комбинация карты 9 с картой пояснения

13	Ребенок	Проект, беременность, усыновление, начало, признание, высокая интуиция.
14	Лиса	Дурная весть, манипуляция, уход, недоверие, большие знания.
15	Медведь	Стабильная и долгая система, доступное терпение, умение и неумелость.
16	Звезды	Судьбоносное послание, сообщение, реализация судьбы, исполнение мечты, знания.
17	Аист	Грядут хорошие новости, позитивные изменения, надежда, признание, награда.
18	Собака	Кармическая связь, родственная душа, настоящая дружба, честность, признательность.
19	Башня	Больница, душевное и физическое исцеление, хорошая новость из государственного учреждения.
20	Сад	Событие, интернет, сообщества, дружба, связи, сотрудничество.
21	Гора	Отмена, отсрочка, предотвращение, принудительное изменение, медленные процессы.
22	Перекресток	Важное решение, выбор, посредничество, разделение, разрыв по обоюдному согласию.
23	Мыши	Временный успех, трудности, промедление, притворство, тайные проходы.
24	Сердце	Любовь, хорошие отношения, хорошие новости, прикосновения, эмоции, принятие другого.
25	Кольцо	Брак, важное решение, хорошие договоренности, улучшенный контракт.
26	Книга	Секрет, роман, художник, исследователь, полученные знания, письмо, тайные ходы.
27	Письмо	Радостное послание, расставание, освобождение, новое понимание, искупление.
28	Мужчина	Мужская частота, креативность, связь, слушание, хорошие отношения, консультант.
29	Женщина	Женская частота, креатив, связь, слушание, хорошие отношения, консультант женщина.
30	Лилии	Изобилие, отдача и принятие, карма, сексуальность, удовлетворенность, радости.
31	Солнце	Принятие, раскрытые знания, позитивная реклама, честность, успех, лидерство.
32	Луна	Духовный рост, уединение, сентиментальность, освобождение, исцеление, выздоровление.
33	Ключ	Раскрытые знания, коммуникация, средства связи, эстетика, успех, посредничество, решение.
34	Рыбы	Клиенты, эстетика, финансы, изобилие, успехи, вложения.
35	Якорь	Длительная стабильность, душевное равновесие, спокойствие, уверенность, ученая степень, признание.
36	Крест	Щедрость, судьбоносный выбор, кармический урок, замыкающий круг.

Карта 10: Коса

Быстрый, жатва, урожай, критика, беспокойство + <u>ваша интуиция</u>.

- Время (13, Валет бубен - внизу справа): октябрь, единицы времени - 1, 4, 10, 13 (часы, дни, месяцы, годы). *Примечание: цифры 1, 4, 10 или 13 могут означать количество лет/месяцев/дней/часов или конкретный год, месяц, день, час - в зависимости от контекста.*

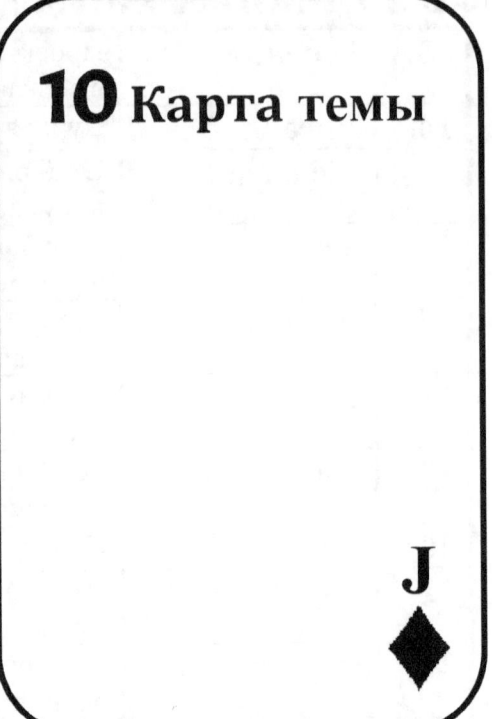

Комбинация карты 10 с картой пояснения

#	Карта	Значение
1	Всадница	Удивительное сообщение, расставание, задержка, пауза, отмена, начало.
2	Клевер	Быстрые решения, хорошие результаты, надежда, вера, одухотворенность.
3	Корабль	Быстрый переход, отъезд, разлука, миграция, продолжение путешествия.
4	Дом	Быстрая сделка, отъезд, развод, разлука, ремонт, настроения.
5	Дерево	Травма, операция, предварительное обследование, кратчайший путь, срочное лечение.
6	Тучи	Нестабильность, неопределенные результаты, незащищенность, страх.
7	Змея	Манипуляция, выход из-под контроля, настроения, психическая травма, завершение.
8	Смерть	Конец, расставание, увольнение, окончание процедуры, разрыв, изоляция, изменение.
9	Букет	Притворство, принуждение, скрытые мотивы, плохая репутация.
11	Кнут	Критика, власть, контроль, агрессия, насилие, уязвимость.
12	Птицы	Отключение, внезапная разлука, бойкот, дистанция, сплетни, раскрытие правды.

Комбинация карты 10 с картой пояснения

13	Ребенок	Подростковый возраст, потеря, аборт, разлука, хирургия, независимое мышление.
14	Лиса	Прекращение мошенничества, пробуждение, ненадежность, соблюдение правды и справедливости.
15	Медведь	Кратковременное вложение, скромность, расплывчатая информация, похудание.
16	Звезды	Кармический урок, судьбоносное решение, исследование, интуиция, ясновидение.
17	Аист	Быстрая адаптация, принятие, неожиданное изменение, новый проект, инициатива.
18	Собака	Ускорение процесса, посредничество, завершение, разделение, разъединение, маски, интересы.
19	Башня	Смягчение наказания, посредничество, обновление, недоверие, урок на всю жизнь.
20	Сад	Удаленность, интернет, ремонт, разделение, пропаганда, лживая реклама.
21	Гора	Медленный процесс, петиция, отмена, дискриминация, незаконченное.
22	Перекресток	Расставание, разделение сил, раздвоение, анализ, важные решения.
23	Мыши	Перелом, разрушение, борьба, сложные решения.
24	Сердце	Расставание, раскол, кризис, сложные отношения, операция на сердце.
25	Кольцо	Расторжение контракта, развод, разрыв, нарушение обязательств.
26	Книга	Секреты с опасными результатами, информация, приводящая к порче.
27	Письмо	Своевременное уведомление, увольнение, уход, зрелость и душевная стойкость.
28	Мужчина	Мужская частота, лидер, ускорение движения, манипуляция, сила и контроль.
29	Женщина	Женская частота, лидерство, ускорение процессов, манипуляции, власть и контроль
30	Лилии	Сексуальные авантюры, манипуляции, власть, перестройка.
31	Солнце	Успех, публикация, чрезмерная власть, раскол в отношениях.
32	Луна	Настроение, грусть, депрессия, освобождение, расставание.
33	Ключ	Судьбоносное решение, судьба, исправление, урок, карма.
34	Рыбы	Судьбоносные решения, оружие, угрозы, запугивание, настроение.
35	Якорь	Судьбоносные решения, безотлагательный суд
36	Крест	Роковая разлука, влиятельная линия судьбы, травма, охрана, защита.

Карта 11: Кнут

Критика, отмена, жалобы, правда, осуждение, конфликт, безрассудство, наказание + ваша интуиция.

- Время (13, Валет треф - внизу справа): ноябрь, единицы времени - 2, 4, 11, 13 (часы, дни, месяцы, годы). *Примечание: цифры 2, 4, 11 или 13 могут означать количество лет/месяцев/дней/часов или конкретный год, месяц, день, час - в зависимости от контекста.*

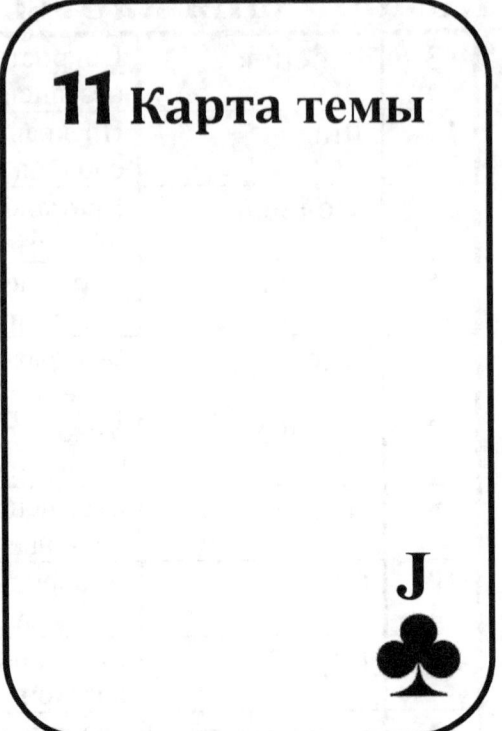

Комбинация карты 11 с картой пояснения

#	Карта	Значение
1	Всадница	Критика, обратная связь, дисциплина, карма, исправление, замыкание круга.
2	Клевер	Конструктивная критика, желание усовершенствовать, второй шанс.
3	Корабль	Поездка, которая может быть отменена, вне всяких сомнений, изменение мнения.
4	Дом	Критика, домашнее насилие, конфликты, секреты, борьба, закон.
5	Дерево	Физическая проблема, второе мнение, переговоры, посредничество, расставание.
6	Тучи	Критика, непонятная, противоречивая информация, противоречие, иной подход.
7	Змея	Иррациональный процесс, обман, неопределенность, ненадежность, высокомерие, эго.
8	Смерть	Завершение борьбы, спокойствие, насилие, смерть, справедливость, предупреждение.
9	Букет	Конструктивная критика, ложная цель, власть и контроль, скрытые тайны.
10	Серп	Окончание, разрыв, фальшивый разговор, притворство, критика, коррекция судьбы.
12	Птицы	Публичная критика, сплетни, праздные разговоры, вербальное насилие.

Комбинация карты 11 с картой пояснения

13	Ребенок	Критика, ребячество, активный ребенок, ребенок с трудностями, настроение.
14	Лиса	Опытный и критичный человек, мошенничество, продавец, ложь.
15	Медведь	Конструктивная критика, разногласия, постоянное наказание, контроль, уверенность.
16	Звезды	Разговор, обсуждение, испытание, предопределено небом, ясновидение и сообщения.
17	Аист	Быстрые перемены, окончание конфликта, посредничество, надежда, защита, вера.
18	Собака	Авторская критика, карательные меры, конец наивности, манипуляция, обман.
19	Башня	Наказание, суд, учреждение власти, урегулирование, посредничество.
20	Сад	Критика, исследование, проверка, взаимодействие, общение, интернет, сообщество.
21	Гора	Пустая трата времени, ни к чему не приводит, блокировка коммуникации/связи, борьба с эго.
22	Перекресток	Неопределенность, посредничество, критика, вынужденное решение, ограничения, компромисс.
23	Мыши	Наказание, жалобы, истощение, одержимость, обман, укус.
24	Сердце	Несогласие, близость и дистанцирование, компромисс, разногласия.
25	Кольцо	Споры, развод, расставание, отъезд, критика соглашения.
26	Книга	Не для цитирования, конфликт из-за секретов, критика письма или публикации.
27	Письмо	Неприятная критика, грубое сообщение, уведомление, заставляющее отступить.
28	Мужчина	Мужская частота, критика, посредник, контроль, видимость, говорить правду.
29	Женщина	Женская частота, критика, посредница, контроль, видимость, говорить правду.
30	Лилии	Споры по поводу секса, бесплодие, разрешение конфликта.
31	Солнце	Борьба, затруднение в раскрытии правды, критика, жаркие дискуссии.
32	Луна	Травмы, насилие, перепады настроения, депрессия, критика, самонаказание.
33	Ключ	Неизбежное противостояние, разоблачение, решение, замыкающий круг, карма.
34	Рыбы	Множественная критика, социальное давление, финансовые затруднения, посредничество, разногласия.
35	Якорь	Разногласия, нестабильность, незаинтересованность, несамостоятельность.
36	Крест	Урок жизни, исправление, судьба, вера, промывка мозгов, духовность.

Карта 12: Птицы

Коммуникация, общение, разговоры, информация, открытие, разоблачение, сплетни, реклама, сомнения + <u>ваша интуиция</u>.

- Время (7 бубен - внизу справа): декабрь, единицы времени - 1, 2, 3, 7, 12 (часы, дни, месяцы, годы). *Примечание: цифры 1, 2, 3, 7 или 12 могут означать количество лет/месяцев/дней/часов или конкретный год, месяц, день, час - в зависимости от контекста.*

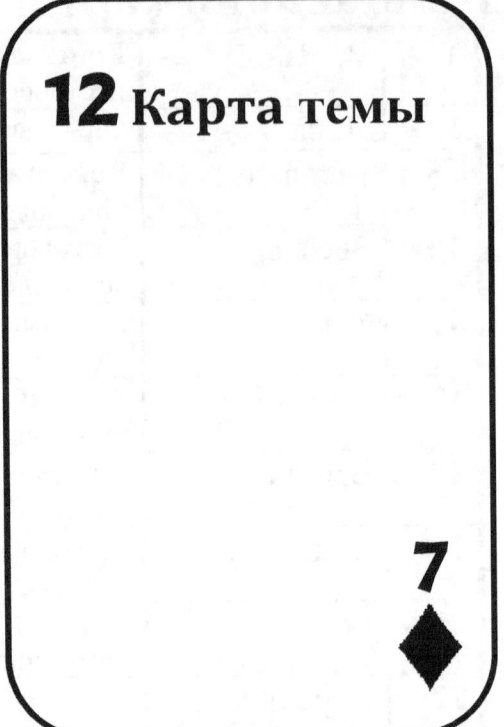

Комбинация карты 12 с картой пояснения

#	Карта	Значение
1	Всадница	Сообщение уже в пути, сплетни, отзывы, интервью, перед публикацией.
2	Клевер	Хорошая коммуникация, позитивная огласка, успешная беседа.
3	Корабль	Разговоры, переезд, дальние путешествия, коммуникация, общение, иностранный язык.
4	Дом	СМИ, сплетни, разоблачения, секреты, медиа-хаус, шумное место.
5	Дерево	Медицинская информация, общение, сообщения, коммуникатор, родственная душа.
6	Тучи	Неясная коммуникация, непонимание, разногласия, отсутствие доверия.
7	Змея	Сплетни, враждебные СМИ, неутешительные новости, манипуляция, мошенничество.
8	Смерть	Конец, завершение связи, молчание, разлука, увольнение, справедливость.
9	Букет	Успешная коммуникация, лекция, встречи, стабильность, знания, юмор.
10	Серп	Отключение, тишина, пауза, короткий разговор, увольнение, справедливость.
11	Кнут	Критика, уязвимость, несогласие, несовместимость, настроение.

Комбинация карты 12 с картой пояснения

13	Ребенок	Детское общение, юмор, энергия, надежность, ясновидение.
14	Лиса	Медиа-лицо, знаток, продажи, ненадежный, жульничество.
15	Медведь	Знания от опытного человека, замедление в общении, тишина, снижение скорости, знания.
16	Звезды	Группа поддержки, фанаты, кармическая связь, ясновидение, авиация
17	Аист	Входящее сообщение, тесное общение, междугородние звонки, исследования.
18	Собака	Дружеские разговоры, честные СМИ, признание, обещание, доверие.
19	Башня	Учреждение, закон, исповедь, справедливость, разоблачение, дисциплина, общение, СМИ
20	Сад	Сплетни, речь, интернет, лектор, общение, посредник, разоблачение.
21	Гора	Остановка, отключение, отдаление, резкая критика, период ожидания, тишина.
22	Перекресток	Обширное общение, посредничество, варианты, сообщество, расширение.
23	Мыши	Трудные разговоры, недоверие, недостаток общения, ложь, манипуляции.
24	Сердце	Честность, признание, любовь, хорошие отношения, романтические отношения, глубокие эмоции.
25	Кольцо	Помолвка, брак, приятные разговоры, подписание контракта.
26	Книга	Раскрытие секретов, изданная книга, роман, обещание, скрытые эмоции.
27	Письмо	Договор, соглашение, обещание, многократные объявления, СМИ, реклама, интервью.
28	Мужчина	Мужская частота, СМИ, консультант, наставник, посредник, понимание.
29	Женщина	Женская частота, СМИ, консультант, наставница, посредница, понимание.
30	Лилии	Сексуальные переживания, сомнительные отношения, роман, долгие дискуссии.
31	Солнце	Издательство, разоблачение, справедливость, огласка, радостные новости.
32	Луна	Горе, разочарование, иллюзия, игра, притворство, настроение, зависимость.
33	Ключ	Принятие, новые возможности, сообщение, решение, посредничество, правосудие, закрытие.
34	Рыбы	Продажи, изобилие, бизнес, сотрудничество, материализм, обман.
35	Якорь	Долгие отношения, обещание, стабильность, партнер, надежность.
36	Крест	Время лечит, судьба, ясновидение, послания во сне, замыкающий круг.

Карта 13: Ребенок

Мальчик, детство, маленький, дальновидность, невинность, рождение, любопытство, рост + <u>ваша интуиция</u>.

- Время (13, Валет пик - внизу справа): единицы времени - 1, 3, 4, 13 (часы, дни, месяцы, годы). *Примечание: цифры 1, 3, 4 или 13 могут означать количество лет/месяцев/дней/часов или конкретный год, месяц, день, час - в зависимости от контекста.*

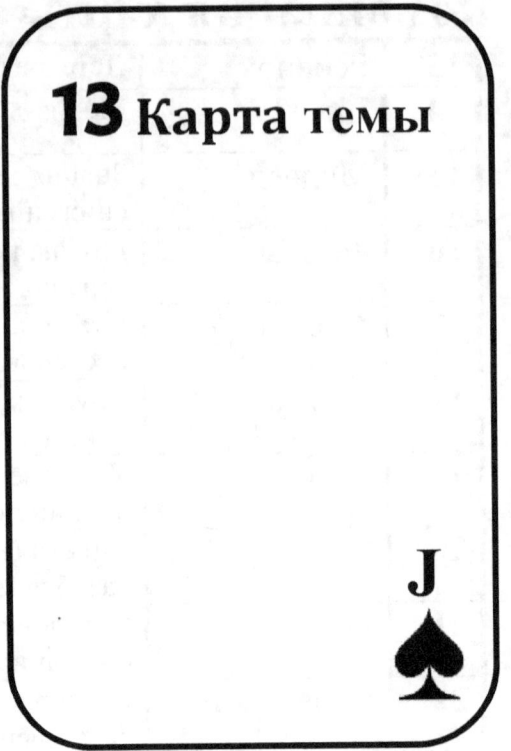

Комбинация карты 13 с картой пояснения

#	Карта	Значение
1	Всадница	Новое значение, новое сообщение, начало, рождение.
2	Клевер	Кратковременное изменение, успех, успешный ребенок, начинающий ясновидящий.
3	Корабль	Переезд, небольшое изменение, короткая поездка, автомобиль, заграница.
4	Дом	Изменения в доме, детский сад, присмотр за детьми, клиника.
5	Дерево	Здравоохранение, фертильность, беременность, роды, терапевт, целитель.
6	Тучи	Непонятная ситуация, бегство от прошлого, плодородие, неточность.
7	Змея	Проблемная личность, обман, невинность, потеря доверия, магия.
8	Смерть	Возрождение, справедливость, болезнь, выкидыш, конец, смерть.
9	Букет	Хорошее начало, рождение, признательность, доброта, старание.
10	Серп	Пауза, конец, дистанция, быстрая акклиматизация, выкидыш, остановка.
11	Кнут	Критика, упрямство, неугомонность, концентрация внимания, ребячество.
12	Птицы	Детское общение, ложная информация, сплетни, незрелость, невинность.

Комбинация карты 13 с картой пояснения

14	Лиса	Скрытие правды, чрезмерная невинность, продажи, безответственный специалист.
15	Медведь	Медлительность, опытный человек, невинность, стойкость, крепость ума или физической силы.
16	Звезды	Кармическая связь, ясновидящий, целитель, беременность, совершенство, талант.
17	Аист	Информация поступит, беременность, роды, начало, ясновидение, интуиция.
18	Собака	Хорошая компания, надежность, ребячество, получение сообщений, юмор.
19	Башня	Ожидание, образование родителей, обогащение знаний, подросток, адаптация, обслуживание
20	Сад	Дружба, социальные сети, интернет, сотрудничество, творчество.
21	Гора	Остановка, блокировка, задержка, дисциплина, достижение совершеннолетия, самодисциплина.
22	Перекресток	Новый путь, важное решение, изменение модели, понимание, урок.
23	Мыши	Трудности, кратковременное опоздание, небольшая потеря, временная помеха, болезнь.
24	Сердце	Новая любовь, быть ребенком, чувствовать себя молодым, помощь, совет.
25	Кольцо	Проверка контракта, оплодотворение, консультация, духовное стремление, волонтерство, договор.
26	Книга	Письменность, занятие образованием, консультирование, учеба, распространение знаний, сети.
27	Письмо	Согласие, заявление, короткое сообщение, сплетни, обширные знания, получение сообщений.
28	Мужчина	Мужская частота, ребячество, невинность, духовное стремление, советник, юмор
29	Женщина	Женская частота, ребячество, невинность, духовное стремление, советница, юмор.
30	Лилии	Активная сексуальность, чувство молодости, дальновидность, кармическое стремление.
31	Солнце	Открытие, разоблачение, радость, невинность, половое созревание, беременность, предсказание.
32	Луна	Настроение, временная грусть, зрелость, глубокое видение, духовность.
33	Ключ	Консультант, решение, посредничество, уверенность в себе, кармическая связь, ясновидящий.
34	Рыбы	Проблемы с заработком, нехватка, расходы на дом и детей, скупость на чувства.
35	Якорь	Выживание, работа с детьми, ответственность, зрелость, защита.
36	Крест	Кармическая связь, судьба, исправление, урок, религии или духовность.

Карта 14: Лиса

Профессионал, притворство, эго, манипуляция, мошенничество, дополнительная работа + <u>ваша интуиция</u>.

- Время (9 треф - внизу справа): единицы времени - 1, 4, 5, 14 (часы, дни, месяцы, годы). *Примечание: цифры 1, 4, 5 или 14 могут означать количество лет/месяцев/дней/часов или конкретный год, месяц, день, час - в зависимости от контекста.*

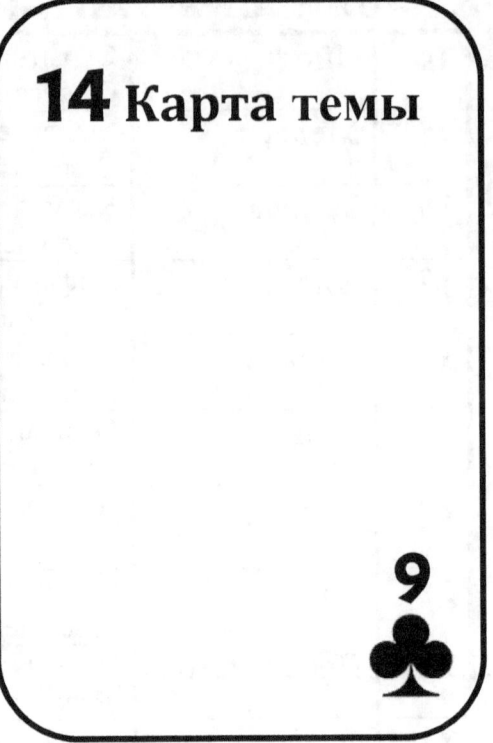

Комбинация карты 14 с картой пояснения

#	Карта	Значение
1	Всадница	Подозрительное сообщение, неверное послание, дополнительная работа, манипуляция.
2	Клевер	Неточная информация, необходимость проверки, временная радость, продвижение по службе.
3	Корабль	Связь с заграницей, неясное путешествие, переезд, поездки.
4	Дом	Ненадежные отношения, неправильное место, ложь в доме, роман, актеры.
5	Дерево	Ненадежное лечение, жертва, вина, нестабильное здоровье.
6	Тучи	Обман, мошенничество, недостоверная информация, сокрытие информации, притворство.
7	Змея	Ненадежность, обман, доминирование, культ, обольщение, ложь.
8	Смерть	Конец, завершение контракта, мошенничество, смерть, убийство, манипуляции, колдовство.
9	Букет	Притворство, подозрительность, салон красоты, уход за телом, материальность.
10	Серп	Быстрое действие, увольнение, разрыв, мошенничество, арест, конец.
11	Кнут	Критика, «промывание мозгов», власть, мошенничество, профессиональный советник, подозрительность.
12	Птицы	Ложная информация, сплетни, ложь, продажи, лекции, раскрытие знаний.

Комбинация карты 14 с картой пояснения

13	Ребенок	Ребячество, самозванец, сокрытие информации, стыд, педагог, педофил.
15	Медведь	Медленный процесс, опытный человек, длительное мошенничество, ненадежность.
16	Звезды	Кармическая связь, судьба, духовные знания из прошлых воплощений, бесхозяйственность.
17	Аист	Раскрытие информации, справедливость, безответственность, осторожность, изменения по принуждению, сплетни.
18	Собака	Социальная выгода, хитрость, подозрительность, притворство, продажи.
19	Башня	Вне закона, авторитет, контроль, коррупция, тюремное заключение, нарушение свободы.
20	Сад	Интернет, небезопасность, коррупция, сообщество, мошенничество, государственный орган.
21	Гора	Блокировка, промедление, уловка, посредничество, компромисс, застой в карьере.
22	Перекресток	Подозрительность, дообследование, варианты, дополнительная или временная работа.
23	Мыши	Недоверие, проблемы, увольнение, тяжелая работа, недостаток признания.
24	Сердце	Манипуляция, предательство, притворство, психические проблемы, нечестность.
25	Кольцо	Неполный контракт, неверный договор, манипуляция, дополнительная проверка.
26	Книга	Раскрытие информации, секреты, мошенничество, инновации, изобретатель, консультант, написание.
27	Письмо	Неверная информация, манипуляции, сплетни, сертификаты и титулы.
28	Мужчина	Мужская частота, мудрость, опытность, ненадежный, притворство.
29	Женщина	Женская частота, мудрость, опытность, ненадежная, притворство.
30	Лилии	Сексуальность, манипуляции, роли, несколько рабочих мест, опытный работник.
31	Солнце	Выражение, раскрытие правды, справедливость, клевета, притворство.
32	Луна	Настроение, неугомонность, нечестность, терапевт, целитель, психолог.
33	Ключ	Мошенничество, кратчайший путь, протекция, мошенничество, руководящие должности.
34	Рыбы	Неправильный экономический ход, кризис изобилия, ссуда, завещание, отсрочка.
35	Якорь	Опытный человек, спасательный круг, долгосрочное выживание, длительный период.
36	Крест	Кармическая связь, эго, урок, контроль, бегство, духовность или религии.

Карта 15: Медведь

Медлительность, сильный характер, опытный человек, пожилой мужчина, напористость + ваша интуиция.

- Время (10 треф - внизу справа): единицы времени - 1, 5, 6, 15 (часы, дни, месяцы, годы). *Примечание: цифры 1, 5, 6 или 15 могут означать количество лет/месяцев/дней/часов или конкретный год, месяц, день, час - в зависимости от контекста.*

Комбинация карты 15 с картой пояснения

#	Карта	Значение
1	Всадница	Важная резолюция, опытный человек, посредник, решение.
2	Клевер	Временное расслабление, рост, медленное продвижение по службе, выживание, временный заработок.
3	Корабль	Переезд, передача информации, заработок, новое занятие, контакты с заграницей.
4	Дом	Недвижимость, стабильный дом, безопасность, образование, степени, статус, знания.
5	Дерево	Выздоровление, опытный человек, здоровье, долголетие, стабильность.
6	Тучи	Ненадежный человек, конфиденциальная информация, неуверенность, задержка, уклонение.
7	Змея	Ограничение, неприятие, конфронтация, критика, высокомерие.
8	Смерть	Болезнь, повторяющаяся карма, исправление, окончание, разлука, банкротство.
9	Букет	Проницательность, понимание судьбы, сострадание, успех, терпение, эстетика.
10	Серп	Предсказуемый, закрытый счет, экономия, скупость, дистанция.
11	Кнут	Критика, опытный человек, судебный исполнитель, контроль, отмена свободы.
12	Птицы	Длительное общение, отсутствие эго, посредничество, зрелое решение, терпение.

Комбинация карты 15 с картой пояснения

#	Карта	Значение
13	Ребенок	Образ отца, посредник, авторитет, ответственность, юмор, чувствовать себя молодым.
14	Лиса	Опытный мужчина, манипуляция, отказ от удовлетворения, повторное обследование.
16	Звезды	Кармическая связь, публичность, озарение, новые знания, консультант, ясновидящий, целитель
17	Аист	Древние знание, авторитетный человек, переезды, изменения, новая должность
18	Собака	Терпение, дружба, опытный человек, знаток, стабильные отношения.
19	Башня	Медленный процесс, решение, судебный процесс, закон, финансовые органы.
20	Сад	Знаток, разоблачение, интернет, образование, медленный процесс, заграница.
21	Гора	Упрямство, остановка, неприятие, уход, настроение, выгодное терпение.
22	Перекресток	Решение, готовность к компромиссу, принятие решений, высокопоставленный деятель.
23	Мыши	Несогласие, текущая проблема, отключение, потеря, решение.
24	Сердце	Дружба, признательность, забота, передача знаний, близкий человек, любовь.
25	Кольцо	Надежный контракт, долгосрочное соглашение, верность, терпение.
26	Книга	Письменное знание, лекция, изобретатель, разоблачение и открытие, карма, закон.
27	Письмо	Сообщение от ответственного источника, советы, сотрудничество, управление бизнесом.
28	Мужчина	Мужская частота, признательность, высокое положение, надежность, комфорт, ожирение.
29	Женщина	Женская частота, признательность, высокое положение, надежность, комфорт, ожирение.
30	Лилии	Терпение, консультирование, инструктаж, половой акт, роман, манипуляция.
31	Солнце	Процветание, удовлетворение, открытия, разоблачение, справедливость, стабильность, терпение.
32	Луна	Иллюзия, настроение, нестабильность, клевета, огласка.
33	Ключ	Проницательность, жизненная мудрость, достижение цели, посредник, консультант, результаты
34	Рыбы	Стабильный заработок, солидный человек, знаток, манипуляции, инвестиции.
35	Якорь	Трудолюбие, длительная финансовая стабильность, достижение поставленных целей.
36	Крест	Линия судьбы, карма, древние знания, посредник, советник, религии или духовность.

Карта 16: Звезды

Кармическая связь из прошлых воплощений, сообщение, знание, понимание, иллюзия + ваша интуиция.

- Время (6 червей - внизу справа): единицы времени - 1, 6, 7, 16 (часы, дни, месяцы, годы). *Примечание: цифры 1, 6, 7 или 16 могут означать количество лет/месяцев/дней/часов или конкретный год, месяц, день, час - в зависимости от контекста.*

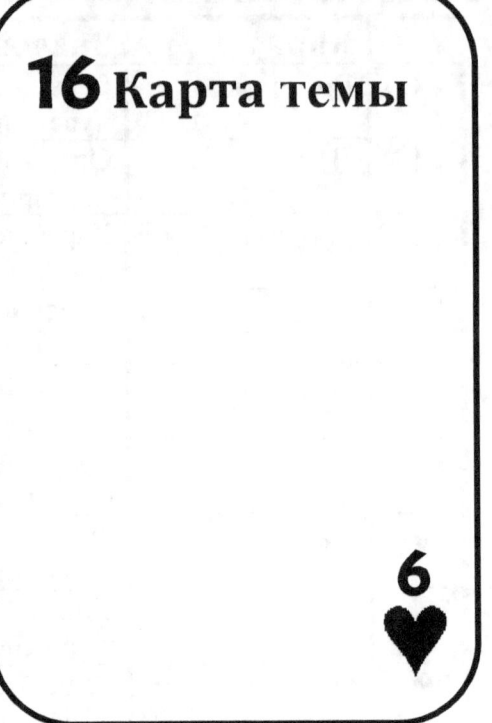

Комбинация карты 16 с картой пояснения

#	Карта	Значение
1	Всадница	Сообщение, ясновидение, интуиция, карма, исполнение, разъяснение, информация.
2	Клевер	Послание, озарение, радость, бодрость, юмор, новые знания.
3	Корабль	Поездка, получение сообщений, переход, жизненные воплощения, путешествие души.
4	Дом	Место жительства, изменение, кармическая связь, судьба, внутренняя сила, дизайн.
5	Дерево	Карма, духовность, древние знания, энергетическое исцеление, целитель, частоты.
6	Тучи	Непростой период, духовные знания, разные формы жизни.
7	Змея	Трудности, промедление, кармическая связь, контроль, недоверие, манипуляции.
8	Смерть	Окончание, разлука, бессонница, чувствительность, смерть, пробуждение.
9	Букет	Реклама, изобилие, чуткость, древние знания, идеи, инновации, сообщество.
10	Серп	Быстрые действия, разъяснение, открытие правды, кармический разрыв.
11	Кнут	Критика, воспитание, приятные компромиссы, дисциплина.
12	Птицы	Медиа, сообщения, интуиция, духовная информация, ясновидение.

Комбинация карты 16 с картой пояснения

13	Ребенок	Ребячество, карма, талант, гласность, дальновидность, ясновидящий.
14	Лиса	Выживание, древние знания, зарубежье, реклама, манипуляции, магия.
15	Медведь	Связь с прошлыми воплощениями, руководство, знания, консультант, ясновидящий, решения.
17	Аист	Изменение судьбы, ясность, удача, надежда, улучшение ситуации, отъезд.
18	Собака	Связь из прошлой жизни, дружба, доверие, сообщество, забота, союз.
19	Башня	Судьба, исправление, высокие цели, знания, поддержка, гласность, авторитеты.
20	Сад	Социальные сети, интернет, сообщества, медиа, раскрытие, судьба.
21	Гора	Задержка на благо, медленный прогресс, позднее цветение, терпение.
22	Перекресток	Решения, возможности, судьба, надежда, сообщества, посредник, ясновидящий.
23	Мыши	Проблемы, разочарование, опоздание, урок, строительство, дополнительная возможность.
24	Сердце	Связь из прошлой жизни, любовь, карма, судьба, знающий советчик.
25	Кольцо	Соглашение, кармический контракт, поправка, урок, совместное решение.
26	Книга	Древняя мудрость, духовные знания, экстрасенс, писатель, консультант, публикация знаний.
27	Письмо	Новость, Медиа, сообщество, объединение, рекомендации, реклама.
28	Мужчина	Мужская частота, обширные знания, проницательность, духовный наставник, целитель, инопланетяне.
29	Женщина	Женская частота, обширные знания, проницательность, духовная наставница, целительница, инопланетяне.
30	Лилии	Сексуальность, дальние отношения, изобилие, позднее цветение, интуиция.
31	Солнце	Обнаружение истины, реализация, внутренняя сила, наставник, экстрасенс.
32	Луна	Настроения, коррекция, жертва, гениальность, гласность, передача знаний.
33	Ключ	Успех, исправление, просветление, самооценка, наставничество и консультация.
34	Рыбы	Большие деньги, настроение, родственная душа, ученый, дизайн и игра.
35	Якорь	Посредничество, консультирование, постоянство, реализация, осуществление, реклама, распространение знаний.
36	Крест	Линия судьбы, карма, урок, исправление, близость к религии или духовности.

Карта 17: Аист

Что-то грядет, будущее, навстречу переменам, беременность, возрождение, мать + <u>ваша интуиция</u>.

- Время (3, Королева червей - внизу справа): единицы времени - 1, 3, 7, 8, 12, 17 (часы, дни, месяцы, годы). *Примечание: цифры 1, 3, 7, 8, 12 или 17 могут означать количество лет/месяцев/дней/часов или конкретный год, месяц, день, час - в зависимости от контекста.*

Комбинация карты 17 с картой пояснения

#	Карта	Значение
1	Всадница	Навстречу переменам, новость, беременность, роды, предвидение, сообщения.
2	Клевер	Предстоящие изменения, мгновенная радость, обнадеживающее сообщение
3	Корабль	Переход, переезд, изменение, миграция, путешествия, контакт с заграницей, предсказание будущего.
4	Дом	Переезд, изменение, ремонт, гость, получение лечения.
5	Дерево	Изменение состояния здоровья, инновационный уход, дальновидность, роды.
6	Тучи	Неуверенность, бесконечность, недоверие, неприятие, промедление.
7	Змея	Проблемы на подходе, опоздание, изменение, настроение, отказ от удовлетворения.
8	Смерть	Расставание, отказ, изменение, переход, компромисс, рождение, гипноз, терапия.
9	Букет	Успех, изобилие, перемены к лучшему, возможности, улучшение.
10	Серп	Задержка, короткий путь, конец, операция, анализ, окончание путешествия, получение сообщений.
11	Кнут	Критика, душевная боль, противоречие, отмена, неприятие, правда.
12	Птицы	Связь, Медиа, информация, отношения, общение, сплетни.

Комбинация карты 17 с картой пояснения

13	Ребенок	Начало, на пути к переменам, беременность, роды, интуиция, сообщения.
14	Лиса	Подозрение, ненадежность, манипуляции, мошенничество, профессионал, ясновидящий.
15	Медведь	Длительный процесс, терпение, близость, советы опытного человека.
16	Звезды	Карма возвращается, книга судьбы, планы на будущее, прогресс.
18	Собака	Новые дружеские отношения, сотрудничество, сообщения, инструктаж, обучение.
19	Башня	Продвижение, высший по положению, верхний этаж, учреждение, надзор, наблюдение.
20	Сад	Изменение окружения, переезд, интернет, сотрудничество, свобода.
21	Гора	Отмена, отсрочка, медленное продвижение, смена решения, справедливость.
22	Перекресток	Варианты, новая идея, посредничество, совет, смена направления.
23	Мыши	Ожидаемые проблемы, манипуляция, трата сил, заговор, обман.
24	Сердце	Приближается любовь, хорошие новости, чуткость, следующий шаг, надежды.
25	Кольцо	Соглашение, кармическое сочетание, связь, брак, соответствие, изменение.
26	Книга	Правда раскрывается, секреты, письмо, передача информации, заграница, языки.
27	Письмо	Приближающиеся изменения, раскрытые знания, обучение, предложение, соглашение, начинания.
28	Мужчина	Мужская частота, что-то грядущее, изменение судьбы, советчик, духовное стремление.
29	Женщина	Женская частота, что-то грядущее, изменение судьбы, советница, духовное стремление.
30	Лилии	Сексуальные связи, множественные отношения, роман, семейные изменения, магия.
31	Солнце	Раскрытие правды, выполнение, изменение, энергия, сообщения.
32	Луна	Смены настроения, грусть, эмоциональные изменения, стресс, просветление.
33	Ключ	Посредничество, поиск решения, ключ к успеху, понимание, цель, выполнение.
34	Рыбы	Финансовые изменения, сотрудничество, заграница, бизнес-консалтинг, ясновидение.
35	Якорь	Переменная стабильность, изменение, переезд, испытание, экзамен, свобода, движение.
36	Крест	Линия судьбы, влияние, прозрение, исправление, защита, духовный или религиозный человек.

Карта 18: Собака

Близкий друг, дружба, уверенность, доверие, верность, терпение, сотрудничество + <u>ваша интуиция</u>.

- Время (10 червей - внизу справа): единицы времени - 1, 8, 9, 10, 18 (часы, дни, месяцы, годы). *Примечание: цифры 1, 8, 9, 10 или 18 могут означать количество лет/месяцев/дней/часов или конкретный год, месяц, день, час - в зависимости от контекста.*

Комбинация карты 18 с картой пояснения

#	Карта	Значение
1	Всадница	Сообщение от друга, новая дружба, новый друг на жизненном пути.
2	Клевер	Помощь друга, совместное наслаждение, радость, счастье, удача.
3	Корабль	Дружба на расстоянии или из-за границы, безопасное путешествие, путешествие, заграница.
4	Дом	Друг дома, гостеприимство, добрососедские отношения, дружественное место, домашнее животное.
5	Дерево	Многолетняя дружба, клиника, родственная душа, целитель, надежный.
6	Тучи	Неясность, предательство друга, трудности, сплетни, иллюзии.
7	Змея	Ложная дружба, притворство, недоверие, манипуляции.
8	Смерть	Конец дружбы, конец процесса, конец зависимости, разлука.
9	Букет	Настоящая дружба, дружеское окружение, сообщение, весть, прогресс.
10	Серп	Конец дружбы, разлука к лучшему, разрыв, недоверие, выход к независимости.
11	Кнут	Конструктивная критика, борьба, разногласия, учитель, посредник.
12	Птицы	Общение, разговоры, передача информации, сотрудничество, сплетни.

Комбинация карты 18 с картой пояснения

13	Ребенок	Настоящий друг, родственник, кратковременная дружба, ребячество, животные.
14	Лиса	Недоверие, мошенник, притворство, посредник или знающий консультант.
15	Медведь	Старый друг, дорогой человек, забота, волонтерство, знающий и мудрый человек.
16	Звезды	Кармическая связь, исправление, линия судьбы, реклама, духовные поиски, советчик.
17	Аист	Новые дружеские отношения, усыновление, завоевание доверия, терпение приведет к переменам.
19	Башня	Высокопоставленный человек, правоохранительные органы, высокое положение, одиночество.
20	Сад	Интернет, встреча друзей, общественное место, мероприятие, совместная работа
21	Гора	Остановка, недоверие, разлука, разрыв, споры, разочарование другом.
22	Перекресток	Принятие решений, выбор, встречи с друзьями, сообщество.
23	Мыши	Проблемы, ссоры, потеря дружбы, недоверие, стресс.
24	Сердце	Любовь, эмоциональная дружба, верность, близость, спутник жизни.
25	Кольцо	Дружеский договор, лояльность, преданность делу, близкие отношения, партнерство.
26	Книга	Новые друзья, друг-интроверт, секреты, книга, детектив.
27	Письмо	Дружеское соглашение, связь на дистанции, откровения, информация от друга.
28	Мужчина	Мужская частота, верный, близкий советчик, верный друг, супруг.
29	Женщина	Женская частота, верный, близкий советчик, верность, супруга.
30	Лилии	Дружба с сексуальными отношениями, фантазия, старые друзья, гармония.
31	Солнце	Огласка дружбы, открытие, реализация, получение идей, знания.
32	Луна	Прямой разговор, эмоции, романтика, грусть, настроения.
33	Ключ	Надежный друг, нахождение решения, варианты, посредник, кармическая связь.
34	Рыбы	Успешный друг, успешные партнеры, друзья, сотрудничество.
35	Якорь	Стабильность, длительная дружба, хорошие партнерские отношения.
36	Крест	Самоуверенность, судьба, исправление, карма, помощь, духовное стремление.

Карта 19: Башня

Учреждение / орган власти / офис, высшее положение, высокопоставленный, прогресс, одиночество + ваша интуиция.

Время (6 пик - внизу справа): единицы времени - 1, 6, 9, 10, 19 (часы, дни, месяцы, годы).

Примечание: цифры 1, 6, 9, 10 или 19 могут означать количество лет/месяцев/дней/часов или конкретный год, месяц, день, час - в зависимости от контекста.

Комбинация карты 19 с картой пояснения

#	Карта	Значение
1	Всадница	Уведомление властей или учреждения, достижение соглашения, компромисс, связь.
2	Клевер	Продвижение, хорошие новости, хорошие возможности, сиюминутный успех.
3	Корабль	Выезд за границу, заграничный бизнес, власти, иммиграция.
4	Дом	Обустройство, табу, недвижимость, власть, высокий этаж, большой дом.
5	Дерево	Больница, лечебница для здоровья и души, одиночество, целитель, целитель.
6	Тучи	Ошибка в суждении, широко распространенная коррупция, сокрытие, покидание, тюремное заключение.
7	Змея	Проблемы с властью, коррупция, мошенничество, обман.
8	Смерть	Неподходящее медицинское учреждение, Завершение производства, конец, кладбище.
9	Букет	Посредничество, договоренность, дизайн, эстетика, хорошее размещение.
10	Серп	Завершение процедуры, раздельное проживание, разрыв, развод, посредничество, решение, судебное разбирательство.
11	Кнут	Критика, суждение, решение, суд, посредничество, настроения.
12	Птицы	Коммуникация, СМИ, представители общественности, сплетни, дистанцирование, ясновидение.

Комбинация карты 19 с картой пояснения

13	Ребенок	Учебное заведение, социальное обеспечение, правоохранительные органы, упорство, высшее образование
14	Лиса	Мошенничество, коррупция, старший сотрудник, адвокат, советник
15	Медведь	Медленная процедура, знающий человек, консультант, урегулирование с властями.
16	Звезды	Общение, СМИ, заграница, карма, урок из прошлой жизни.
17	Аист	Продвижение, урегулирование, посредничество, весть, указание сверху, связи.
18	Собака	Друг со связями, членство в организации, сотрудничество, надежность.
20	Сад	Государственное учреждение, интернет, сотрудничество, организация, правительство, поездка.
21	Гора	Отмена решения, промедление, упрямство, урок эго, договоренность.
22	Перекресток	Важное решение, урегулирование, сотрудничество, коррупция, интернет.
23	Мыши	Проблемы, недоверие, потеря, лишение свободы, несправедливость, коррупция.
24	Сердце	Безответная любовь, подавление эмоций, волонтерство, сообщество.
25	Кольцо	Непростое соглашение, юридическое решение, финансовое учреждение, отношения на расстоянии.
26	Книга	Конфиденциальная информация, книга, секреты, учеба, лектор, писатель, затворник.
27	Письмо	Важное уведомление, судебное решение, урегулирование, законы, советник, юрист.
28	Мужчина	Мужская частота, сила влияния, контроль, знаток, консультант.
29	Женщина	Женская частота, сила влияния, контроль, знаток, консультант.
30	Лилии	Отношения со старшими, сексуальность, манипуляции, торговля, обменные отношения.
31	Солнце	Выполнение, разоблачение, открытие, справедливость, средства массовой информации, лидерство.
32	Луна	Плохие новости, эмоции, настроение, одиночество, временная процедура.
33	Ключ	Удобное соглашение, решение проблемы, связи, свобода, духовные поиски.
34	Рыбы	Высший по положению, финансовое учреждение, процедура, манипуляции, мошенничество, перепады настроения.
35	Якорь	Долговременная защита, постоянство, надежность, свобода, независимость.
36	Крест	Кармическая связь, урок, исправление, судьба, духовный или религиозный человек.

Карта 20: Сад

Общественное место, интернет, выход, событие, аудитория, сообщества, мнения + ваша интуиция.

- Время (8 пик - внизу справа): единицы времени - 2, 8, 20 (часы, дни, месяцы, годы). *Примечание: цифры 2, 8 или 20 могут означать количество лет/месяцев/дней/часов или конкретный год, месяц, день, час - в зависимости от контекста.*

Комбинация карты 20 с картой пояснения

#	Карта	Значение
1	Всадница	Встреча в публичном месте, интернет, СМИ, реклама.
2	Клевер	Хорошие новости, позитивная огласка, интернет, сообщество.
3	Корабль	Выезд за границу, переезд, изменение, общение, передача знаний, иностранные языки.
4	Дом	Частный дом, сад, общественное здание, временная резиденция, мероприятие.
5	Дерево	Больница, клиника, целитель, группа поддержки, поддерживающее сообщество.
6	Тучи	Сбои, коррупция, бесхозяйственность, сообщество, поддержка, неполная информация.
7	Змея	Коррупция, государственный капитал, бизнесмены, полномочия.
8	Смерть	Конец, разлука, больница, кладбище, восстание, революция, разрушение.
9	Букет	Событие, социальное сообщество, волонтерство, радость, продвижение.
10	Серп	Отмена мероприятия, отключение, отсрочка, юристы, критика, ложь.
11	Кнут	Внешняя / публичная критика, представление, демонстрация, правда и справедливость.
12	Птицы	Публичное заявление, коммуникация, речь, событие, СМИ, сплетни.

Комбинация карты 20 с картой пояснения

13	Ребенок	Новое видение, детский сад, учебное заведение, невинность, ребячество.
14	Лиса	Притворство, сплетни, бизнесмены, активы, публика, рабочая сила.
15	Медведь	Медленный процесс, расслабление, переедание, желание измениться, надежда.
16	Звезды	Линия судьбы, кармическая связь, заграница, немедленное действие, сотрудничество.
17	Аист	Процесс, рост, общественное изменение, переход, демонстрация, революция, изобилие.
18	Собака	Помощь друга, связи, дружба, реклама, сотрудничество.
19	Башня	Государственное учреждение, высокопоставленный человек, указания, высокий рейтинг, одиночество.
21	Гора	Остановка, откладывание, сопротивление, проблемы с аппаратом власти, критика, окончание.
22	Перекресток	Варианты, репозиционирование, усиление, рост, справедливость, реклама.
23	Мыши	Сбои, проблемы, притворство, преследование, арест, обман.
24	Сердце	Счастливое событие, награждение, коммуникация, договор, отъезд, переживания.
25	Кольцо	Соглашение, сотрудничество, брак, сплоченность, общественная власть.
26	Книга	Раскрытие информации, открытие истины, обмен знаниями, сообщество, обучение.
27	Письмо	Уведомление, раскрытие информации, договоренность, договор, приглашение, публикация, реклама.
28	Мужчина	Мужская частота, общительный, коммуникативный, влиятельный, лектор, проводник, инструктор.
29	Женщина	Женская частота, общительная, коммуникативная, влиятельная, лектор, проводница, инструктор.
30	Лилии	Гармония, событие, сексуальные контакты, количество, раскрытие.
31	Солнце	Реализация, общественное признание, огласка, сплетни, успех.
32	Луна	Весть, грусть, эмоции, настроение, событие, разоблачение.
33	Ключ	Встреча, решение, способы доступа, близкое общение, выход на свободу.
34	Рыбы	Финансовое учреждение, наличный расчет, государственные деньги, клиенты, инвестиции
35	Якорь	Стабильность, ответственность, удовлетворенность, командная работа, долгосрочность.
36	Крест	Кармическая связь, древнее знание, линия судьбы, исправление, завершение процедуры, расставание.

Карта 21: Гора

Блокирование, остановка, откладывание, вызов, жизненный урок, поиск решения + <u>ваша интуиция</u>.

- Время (8 треф - внизу справа): единицы времени - 1, 2, 3, 8, 21 (часы, дни, месяцы, годы). *Примечание: цифры 1, 2, 3, 8 или 21 могут означать количество лет/месяцев/дней/часов или конкретный год, месяц, день, час - в зависимости от контекста.*

Комбинация карты 21 с картой пояснения

#	Карта	Значение
1	Всадница	Смена направления, освобождение, снятие блокировки, задержка во благо.
2	Клевер	Начало, нарушения во благо, временное облегчение, прогресс, надежда.
3	Корабль	Путешествие, возвращение к рутине, освобождение, движение, переход, изменение.
4	Дом	Возвращение домой, освобождение, перемены, друзья, семья.
5	Дерево	Облегчение, исцеление, улучшение здоровья, выход, комплексный уход.
6	Тучи	Неизвестность, недостающая информация, частичное общение, связь, духовная связь.
7	Змея	Начало проблем, разочарование, ограничения, сплетни, сбои.
8	Смерть	Конец процесса, смерть, освобождение, облегчение, новая эра.
9	Букет	Облегчение, конец трудностей, решение, успех, движение, изменение к лучшему.
10	Серп	Быстрое решение, устранение препятствий, снятие страха, разоблачения, безопасность.
11	Кнут	Выход, изменение отношения, конструктивная критика, разоблачение, признание, справедливость
12	Птицы	Укрепление доверия, открытое общение, отключение, сплетни, разоблачение.

Комбинация карты 21 с картой пояснения

13	Ребенок	Психическая зрелость, развитие, дружба, общность, продуктивность.
14	Лиса	Выход, настроение, возможность, смена деятельности, варианты.
15	Медведь	Медленный процесс, приобретение знаний, стаж, ожирение, застенчивость, лень.
16	Звезды	Препятствие, судьба, иллюзии, связь из прошлой жизни, доверие.
17	Аист	Выход, варианты, доверие, изменение мышления, конец и начало.
18	Собака	Испытание дружбы, замена друзей, сотрудничество, одиночество.
19	Башня	Тупик, ограничение закона, люди закона и порядка, недоступность.
20	Сад	Конец отсрочек, свобода, интернет, разрешение, решение, посредничество
22	Перекресток	Свобода, решение проблем, продление времени, расширение, помощь сообщества.
23	Мыши	Проблемы, борьба, трудности, болезнь, горе, разочарование, разоблачение.
24	Сердце	Смешанные эмоции, доверие, выгодная сделка, решение, проблемы с кровеносной/сердечно-сосудистой системой.
25	Кольцо	Посредничество, соглашение после задержки, предотвращение, приобретение доверия, ответственность.
26	Книга	Секрет, конфиденциальная информация, разоблачение, знания, новые способы обучения.
27	Письмо	Отрицательный ответ, задержка, отсутствие ответа, отсутствие коммуникации.
28	Мужчина	Блокирующий / дальний, противник, отсутствие коммуникации, упрямый, инвалидность.
29	Женщина	Блокирующая / удаленная, соперница, отсутствие коммуникации, упрямая, инвалидность.
30	Лилии	Семейные проблемы, сексуальные проблемы, проблема фертильности.
31	Солнце	Решение проблем, публикация, открытие правды, стихийные бедствия.
32	Луна	Печаль, настроение, скрытые эмоции, трудности, одиночество.
33	Ключ	Потребность в напористости, преодоление препятствий, облегчение.
34	Рыбы	Задержки, финансовая неудача, закрытый счет, настроение.
35	Якорь	Блокировка, задержки, длительная остановка, заключение, отключение.
36	Крест	Кармическая связь, линия судьбы, бремя, жертва, контроль, религии или духовность.

Карта 22: Выбор

Закрытие/открытие двери, несколько вариантов, поворотный момент, решение, компромисс + ваша интуиция.

- Время (12, Королева бубен - внизу справа): единицы времени - 2, 3, 4, 12, 22 (часы, дни, месяцы, годы). *Примечание: цифры 2, 3, 4, 12 или 22 могут означать количество лет/месяцев/дней/часов или конкретный год, месяц, день, час - в зависимости от контекста.*

Комбинация карты 22 с картой пояснения

#	Карта	Значение
1	Всадница	Несколько сообщений, важное решение, посредничество, интернет.
2	Клевер	Счастливое решение, путь к успеху, быстрое решение, надежда.
3	Корабль	Переезды, несколько направлений, перепутье, решение, заграница.
4	Дом	Семейное решение, рождение, строительство, разделение дома, перемена, отъезд.
5	Дерево	Ожидание, совет, медицинский совет, лечение, кармическая связь.
6	Тучи	Неизвестность, затруднение в решении, конфиденциальная информация, все скоро прояснится.
7	Змея	Проблемы, неправильный выбор, неудачный бизнес, осторожность, мошенничество.
8	Смерть	Неправильное решение, отрицательный результат, конец пути, желательно отложить начатое.
9	Букет	Успех, правильный выбор, интуиция, хобби, ряд дел.
10	Серп	Внезапное решение, отмена, отклонение предложения, травма, операция.
11	Кнут	Критика, множественные решения, конкурс, лекция, мнения.
12	Птицы	Обширная коммуникация, решения, обширная деятельность, СМИ.

Комбинация карты 22 с картой пояснения

13	Ребенок	Новое видение, надежда, успех, невинность, беременность, многоплодие.
14	Лиса	Неправильное решение, мошенничество, недоверие, несколько рабочих мест/занятий.
15	Медведь	Позитивный и медленный процесс, доход из нескольких источников, долгосрочный период.
16	Звезды	Линия судьбы, изменение, лидерство, положительный исход, достижение цели.
17	Аист	На пути к вам, улучшение, продвижение по службе, изменение взглядов, беременность.
18	Собака	Решение, помощь друга, новые отношения, разлука, посредничество.
19	Башня	Решение органа власти или учреждения, судебное разбирательство, посредничество, продвижение по службе, расставание.
20	Сад	Общественное место, интернет, изменение, новый способ, решение другого лица.
21	Гора	Блокировка, задержка, изменение постановления, решение не принято.
23	Мыши	Проблемы с принятием решения, истощение, страх, неуверенность.
24	Сердце	Между разумом и эмоциями, следование сердцу, свидания, любовь.
25	Кольцо	Согласие, соглашение, доверие, многочисленные предложения, роман, любовь.
26	Книга	Раскрытие секрета/ информации, тайный роман, правосудие, открытие, письмо, писание.
27	Письмо	Второе уведомление, распространение, публикация, сотрудничество, информация.
28	Мужчина	Отсутствие решения, настроение, колебание, двуличие.
29	Женщина	Отсутствие решения, настроение, колебание, двуличие.
30	Лилии	Решение семьи/пары, сексуальное решение, разрыв, несколько мнений.
31	Солнце	Публикация, надежда, счастье, радость, успех, реклама.
32	Луна	Задумчивый, непоследовательный, эмоции, настроения, развитие творческих способностей.
33	Ключ	Ключ к успеху, важное решение, поворотный момент, судьба.
34	Рыбы	Финансовое решение, количество предложений, оптимизация, сотрудничество.
35	Якорь	Важное решение, стабильность, реорганизация, независимость, занятие.
36	Крест	Судьба человека, кармическая связь, судьбоносное решение, духовность или религии.

Карта 23: Мыши

Проблема, трудность, интрига, заговор, недоверие, иллюзия, разочарование, нервозность + <u>ваша интуиция</u>.

- Время (7 треф - внизу справа): апрель, единицы времени - 2, 3, 5, 7, 23 (часы, дни, месяцы, годы). *Примечание: цифры 2, 3, 5, 7 или 23 могут означать количество лет/месяцев/дней/часов или конкретный год, месяц, день, час - в зависимости от контекста.*

Комбинация карты 23 с картой пояснения

#	Карта	Значение
1	Всадница	Назойливые сообщения, проблемы, беспокойство о человеке, борьба, судебная тяжба.
2	Клевер	Частичная проблема, временный успех, невезение, перепады настроения.
3	Корабль	Отмена путешествия, изменение и переезд, задержки, небезопасное путешествие.
4	Дом	Проблемы в доме, беспокойство, насилие, пренебрежение, болезнь, ремонт.
5	Дерево	Плохое здоровье, болезни, деструктивное поведение, стрессы.
6	Тучи	Неуверенность, стресс, проблемы с памятью, неполная информация, сплетни, опасность.
7	Змея	Сложность, мошенничество, незаконность, воровство, давление, безответственный ход.
8	Смерть	Конец проблем, расслабление, выздоровление, конец, смерть.
9	Букет	Расставание, отмена, экзамены, сюрприз, стресс, надежда.
10	Серп	Разделение, потеря, высокомерие, быстрое суждение, несправедливость.
11	Кнут	Конструктивная критика, разногласия, посредничество, упрямство, эго.
12	Птицы	Душевные разговоры, напряженное общение, сплетни, соперники.

Комбинация карты 23 с картой пояснения

13	Ребенок	Ребячество, гиперактивность, упрямство, потребность внимания.
14	Лиса	Обман, признание, мошенничество, потеря работы, временное состояние, разочарование.
15	Медведь	Утомительный процесс, зрелый ход, упрямство, упадок сил.
16	Звезды	Поворот судьбы, карма возвращается, урок и исправление, цели, задачи.
17	Аист	Иррациональность, трудности уходят, посредничество, суждение.
18	Собака	Расставание, окончание, разочарование, недоверие, энергетическое опустошение.
19	Башня	Проблемы с властью / законом, изменения, приговор, суд, посредничество, высокомерие.
20	Сад	Проблема события/мероприятия, интернет, задержки, стресс, коррупция, сплочение.
21	Гора	Остановка, блокировка, расставание, отказ, задержки, разочарование, уступка.
22	Перекресток	Варианты, проблемный выбор, отрицание, ложь, опыт.
24	Сердце	Разочарование, отсутствие эмоций, проблемы с кровеносной/сердечно-сосудистой системой, стресс, тоска.
25	Кольцо	Неправильное соглашение, разлука, нежелательные отношения, невыполнение обещаний, роман.
26	Книга	Раскрытие тайны, роман, выгода, коррупция, расследования.
27	Письмо	Жесткое сообщение, недостаток общения, отрицательный ответ, нежелательный.
28	Мужчина	Беспокойный, недоверие, саморазрушение, нездоровье, перепады настроения.
29	Женщина	Беспокойная, недоверие, саморазрушение, нездоровье, перепады настроения.
30	Лилии	Несколько проблем, сексуальное предложение, нестандартная сексуальная ориентация, конец романа.
31	Солнце	Промедление, неудача, недостаток энергии, не отступать, дополнительная возможность.
32	Луна	Нежелательное поведение, порывы, перепады настроения, стресс, разочарование.
33	Ключ	Посредничество, недоверие, выздоровление, увольнение, конец эпохи, свобода.
34	Рыбы	Экономические убытки, потеря, психическая проблема, перепады настроения, болезни.
35	Якорь	Нестабильность, недоверие, безработица, стрессы, самоуничтожение.
36	Крест	Линия судьбы, карма, урок, промывание мозгов, культ, контроль над другими.

Карта 24: Сердце

Любовь, партнерство, близость, кармическая связь, признательность, ответственность. + <u>ваша интуиция</u>.

- Время (Валет червей - внизу справа): апрель, единицы времени - 2, 4, 6, 13, 24 (часы, дни, месяцы, годы). *Примечание: цифры 2, 4, 6, 13 или 24 могут означать количество лет/месяцев/дней/часов или конкретный год, месяц, день, час - в зависимости от контекста.*

Комбинация карты 24 с картой пояснения

#	Карта	Значение
1	Всадница	Влюбленность, позитивное послание, знакомства, хобби, новые отношения.
2	Клевер	Удача, хорошие новости, счастье, успех, влюбленность.
3	Корабль	Связи из прошлых жизней, любовь из-за границы, путешествие, тоска.
4	Дом	Любящая семья, отношения, хорошие отношения, связь.
5	Дерево	Любовь дарит здоровье, понимание, вторая половинка, надежда.
6	Тучи	Непонятное, риск, манипуляция, притворство, предательство.
7	Змея	Самозванец, манипуляции, вымогательство, предательство, ревность, катетеризация.
8	Смерть	Безэмоциональный, конец отношений, разлука, проблемы с сердечно-сосудистой/кровеносной системой, смерть.
9	Букет	Обнадеживающее/радостное приглашение, хорошие супружеские отношения, знакомства, соответствие.
10	Серп	Разлука, болезненное решение, неожиданное знакомство, операция на сердце, операция кровеносной системы.
11	Кнут	Критика, ссоры, горе, скорбь, сексуальность, манипуляции, контроль.
12	Птицы	Хорошая коммуникация, душевные разговоры, сплетни, роман, влюбленность.

Комбинация карты 24 с картой пояснения

13	Ребенок	Новая любовь, хорошее начало, плодородие, беременность, роды, партнерство.
14	Лиса	Мошенничество, эксплуатация, манипулирование, интрижка, опыт, знания.
15	Медведь	Влюбленность, спокойный процесс, ревность, скрытые эмоции, приятный человек.
16	Звезды	Кармическая связь, исправление, исполнение мечты, вечная любовь.
17	Аист	Грядет любовь, связь, духовность, формируются изменения, планирование, беременность.
18	Собака	Крепкая/верная дружба, эмоциональная связь, партнерство, успешный бизнес.
19	Башня	Достижение соглашения, посредничество, сватовство, влияние, одиночество, холостяк.
20	Сад	Событие/мероприятие, интернет, раскрытие эмоций, встречи, сплочение, волонтерство.
21	Гора	Блокировка, задержка, разлука, отсутствие эмоций, разочарование, подавление/ущемление.
22	Перекресток	Деликатное решение, переломный момент, выбор из нескольких, расставание.
23	Мыши	Проблемы в любви/несчастная любовь, трудности в решении, разлука, разрыв отношений, развод.
25	Кольцо	Контракт, карма, финансовое соглашение, брак, посредничество, договоренность, отношения.
26	Книга	Тайны, информация, роман/интрижка, сокрытие эмоций, драма.
27	Письмо	Любовные письма, переписка, ухаживания, соглашение, открытие чувств.
28	Мужчина	Влюбленность, щедрость, забота, кармическая связь, советчик, образ отца.
29	Женщина	Влюбленность, щедрость, забота, кармическая связь, советчица, образ матери.
30	Лилии	Половая зрелость, консультации, любовь к нескольким, роман в зрелом возрасте.
31	Солнце	Исполнение, проявление эмоций, роман, успех, душевная теплота, связь.
32	Луна	Интимная близость, глубокая любовь, полная эмоций, неуверенность.
33	Ключ	Ключ к любви, партнер, уверенность, надежность, гибкость.
34	Рыбы	Многочисленные любовные связи, встречи, душевная проблема, материальность, знания, отдача.
35	Якорь	Стабильная/прочная любовь, долгие отношения, отдача, партнерство, длительные отношения.
36	Крест	Судьба, совместное путешествие, кармическая связь, посредник, священнослужитель или духовный человек.

Карта 25: Кольцо

Соглашение, контракт, партнерство, брак, приверженность, обязательство, стабильность, надежность + <u>ваша интуиция</u>.
Время (Туз треф - внизу справа): единицы времени - 1, 2, 5, 6, 25 (часы, дни, месяцы, годы). *Примечание: цифры 1, 2, 5, 6 или 25 могут означать количество лет/месяцев/дней/часов или конкретный год, месяц, день, час - в зависимости от контекста.*

Комбинация карты 25 с картой пояснения

#	Карта	Значение
1	Всадница	Хорошее предложение, договоренность, новый бизнес, партнер, помолвка.
2	Клевер	Спокойствие, радость, удача, продвижение к успеху, отношения, продуктивность/плодородие.
3	Корабль	Изменения к лучшему, связи / бизнес / работа, заграница, разрешение.
4	Дом	Изменение и переезд, недвижимость, контракт, заграница.
5	Дерево	Прочное соглашение, долгие отношения, стабильность, выздоровление, исцеление.
6	Тучи	Неизвестность, секрет, неопределенность, ненадежность, мошенничество, кризис.
7	Змея	Контракт, шарлатанство, посредничество, мошенничество, манипуляции, дипломатия.
8	Смерть	Окончание контракта, прекращение отношений, разлука, развод.
9	Букет	Успех, счастье, хороший результат, согласие, написание, партнерство.
10	Серп	Завершение, разрыв, раздельное проживание, временное соглашение, незамедлительное разоблачение, развод.
11	Кнут	Критика, разногласия, расторжение партнерских отношений.
12	Птицы	Разветвленная коммуникация, продажи, посредничество, несколько партнеров, договоренность.

Комбинация карты 25 с картой пояснения

13	Ребенок	Новый контракт, развивающиеся отношения, детство, беременность, усыновление.
14	Лиса	Ложный контракт, мошенничество, плохая связь, хитрость, юристы/адвокаты.
15	Медведь	Долгосрочные отношения, финансовое соглашение, продажи, финансовая выгода.
16	Звезды	Кармическая связь, глубокие эмоции, многообещающий контракт, вложения.
17	Аист	Пред-контракт, несколько контрактов, изменение контракта, продвижение.
18	Собака	Многолетняя дружба, верность, партнер по жизни, сотрудничество.
19	Башня	Положительная договоренность, важное решение, суд, приговор, заключение.
20	Сад	Контракт, разрешение, интернет, сотрудничество, продажи, средства связи, коммуникация.
21	Гора	Блокировка, отсрочка, расторжение контракта, ограничение, сложность достижения.
22	Перекресток	Несколько договоров, варианты, отделы, разделение, посредничество, развод.
23	Мыши	Проблемы, трудности, окончание контракта, недоверие, разлука, предательство.
24	Сердце	Хороший контракт, любовные отношения, финансовое соглашение/брачный контракт, брак.
26	Книга	Конфиденциальное соглашение, тайные отношения, расследования, письмо, учеба.
27	Письмо	Контракт, письменное соглашение, поверхностные отношения, непродолжительные отношения.
28	Мужчина	Менеджер, женатый мужчина, муж, жених, партнер, согласованность, авторитет.
29	Женщина	Директриса/заведующая, замужем, невеста, партнер, согласие, авторитет.
30	Лилии	Сплоченная семья, надежность, роман, женаты.
31	Солнце	Исполнение, успех, хорошее партнерство, полезные отношения.
32	Луна	Сильное влечение, глубокие эмоции, перепады настроения, нестабильность.
33	Ключ	Подписанный контракт, кармическая связь, родственная душа, успех.
34	Рыбы	Несколько контрактов, изобилие, богатый человек, бизнесмены, партнеры.
35	Якорь	Долгосрочные отношения, стабильность, зависимость, партнерство.
36	Крест	Кармическая связь, судьба, связь, урок, духовность или религия.

Карта 26: Книга

Секреты, тайна, знания, учеба, неизвестное, тайные отношения, интрижка + <u>ваша интуиция</u>.

- Время (10 бубен - внизу справа): единицы времени - 2, 6, 8, 10, 26 (часы, дни, месяцы, годы). *Примечание: цифры 2, 6, 8, 10 или 26 могут означать количество лет/месяцев/дней/часов или конкретный год, месяц, день, час - в зависимости от контекста.*

Комбинация карты 26 с картой пояснения

#	Карта	Значение
1	Всадница	Раскрытие секрета, разоблачение, признание, информация, проницательность, прозрение, просветление.
2	Клевер	Радостная информация, неожиданный прорыв, общение, тайные/оккультные открытия.
3	Корабль	Тайное путешествие, заграничное путешествие, передача информации, языки, учеба.
4	Дом	Домашнее обучение, письмо, мистика, семейные тайны, дизайн.
5	Дерево	Секрет, медицинские знания, исцеление, неизвестная болезнь.
6	Тучи	Неполная информация, неясность, противоречивые знания, недоверие, трудности в обучении.
7	Змея	Секреты, трудности, темные знания, обман, сплетни, магия.
8	Смерть	Разоблачение, публикация, выпускной/окончание обучения, необразованный, смерть, конец.
9	Букет	Раскрытие информации, неожиданность, успешные исследования, познания в области красоты, дизайн.
10	Серп	Разоблачение, испытание, наказание, анализ, неожиданность, обучение дизайну.
11	Кнут	Критика, экспертиза, разоблачение, сплетни, инструктаж/обучение, контроль, потеря
12	Птицы	Сплетни, общение, СМИ, передача знаний, консультации, обучение, реклама.

Комбинация карты 26 с картой пояснения

13	Ребенок	Скрытый или маленький секрет, детский, школьник, студент, фантазия, книга.
14	Лиса	Секрет, частичная информация, манипуляция, учитель, знаток, опыт.
15	Медведь	Древний секрет, который еще предстоит открыть, умный ход, опыт, эксперт, консультант.
16	Звезды	Кармическая связь, линия судьбы, знаток, эксперт, консультант, знание, реклама.
17	Аист	Разоблачение, получение знаний, руководство, духовность, учеба, письмо.
18	Собака	Надежные знания, тайная связь, однокурсник, консультант, преподаватель, эксперт.
19	Башня	Разоблачение, ослабление власти, урегулирование, соглашение, мошенничество, условия, высшее образование.
20	Сад	Знания, интернет, сплетни, ложные сообщения, пропаганда.
21	Гора	Конфиденциальная информация, отсутствие информации, ложь, задержка, ограничение, условия.
22	Перекресток	Расширение знаний, действия сообщества, сплетни, интернет, коммуникация.
23	Мыши	Трудности, ложь, проблемная информация, медицинский эксперимент, мошенничество, наказание.
24	Сердце	Эмоции, секреты, влюбленность, признание, связь, роман, сердце, сосуды.
25	Кольцо	Знания, секретное соглашение, договор, сертификация, получение сертификата, мастерство.
27	Письмо	Конфиденциальная переписка, распространяемая информация, консультации, учеба, аттестация.
28	Мужчина	Умный, спокойный человек, лектор, писатель, знаток, специалист, исследователь, любовник.
29	Женщина	Умная, спокойная женщина, лектор, писатель, знаток, исследователь, любовница.
30	Лилии	Тайные отношения, любовь, решения, роман, опыт, ученые степени, обширные знания.
31	Солнце	Публикация, распространение информации, просвещение, интуиция, духовность
32	Луна	Эмоции, перепады настроения, скрытая информация, мистицизм, советчик.
33	Ключ	Секрет раскрыт, обширные знания, залог успеха, степень, популярность, реклама.
34	Рыбы	Секрет, манипуляция, скрытые деньги, обман, продажи, контроль.
35	Якорь	Длительная тайна, обман, продолжительная учеба, эксперт, древние знания
36	Крест	Линия судьбы, знания из прошлой жизни, духовные исследования, писатель, консультант.

Карта 27: Письмо

Короткое послание, переписка, краткая информация, новости, знание, сообщение, поверхностный разговор, открытие + <u>ваша интуиция</u>.

- Время (7 пик - внизу справа): единицы времени - 2, 7, 9, 27 (часы, дни, месяцы, годы). *Примечание: цифры 2, 7, 9 или 27 могут означать количество лет/месяцев/дней/часов или конкретный год, месяц, день, час - в зависимости от контекста.*

Комбинация карты 27 с картой пояснения

#	Карта	Значение
1	Всадница	Добрая весть, раскрытые знания, важное сообщение.
2	Клевер	Позитивное заявление, короткое и благоприятное сообщение, лекция, ответ, реакция.
3	Корабль	Сообщение из-за границы, транзит, переезд, общение на иностранных языках, доставка.
4	Дом	Сообщение о доме или семье, занятие недвижимостью, наследство.
5	Дерево	Сообщение о здоровье, послание, целостное исцеление.
6	Тучи	Нечеткое сообщение, неполное сообщение, промежуточный/не окончательный результат, изменение
7	Змея	Подозрительное сообщение, манипуляции, продажи, мошенничество.
8	Смерть	Прекращение действия соглашения, увольнение, отъезд, разделение, посредничество.
9	Букет	Сообщение, хорошие новости, приглашение духовного или религиозного человека.
10	Серп	Быстрый ответ, решающее сообщение, пауза, резкий маневр.
11	Кнут	Критика, оскорбительное сообщение, несогласие, разобщенность, советник, руководство.
12	Птицы	Разные мнения, несколько сообщений, пропаганда, сплетни, коммуникация, ненадежность.

Комбинация карты 27 с картой пояснения

13	Ребенок	Краткое извещение, документ, сведения о ребенке, озарение, рождение, письмо.
14	Лиса	Подозрительное сообщение, манипуляции, сплетни, бизнес, консультант.
15	Медведь	Важное письмо, процесс, залог, наследство, договор, вложение.
16	Звезды	Судьба, урок, смена направления, предсказание будущего, надежда.
17	Аист	Сообщение в пути, прогноз, грядут изменения, понимание, руководство, обновление.
18	Собака	Сообщение от друга, достоверная коммуникация/связь, партнерство, надежный договор.
19	Башня	Уведомление от властей, ценный документ, судебное решение, мировое соглашение, письмо.
20	Сад	Коммуникация, интернет, социальные сети, приглашение, лекция, инструктаж.
21	Гора	Аннулированное уведомление, остановка, увольнение, развод, отъезд, разрыв.
22	Перекресток	Сообщения, варианты, инструктаж, противоречивая информация, сотрудничество.
23	Мыши	Ожидаемая проблема, сложность, задержка, манипуляция, игра, недостоверный.
24	Сердце	Любовное письмо, выражение эмоций, честность, социальные сети, сообщество.
25	Кольцо	Соглашение, контракт, обязательство, инвестиции, сплочение, слияние, событие.
26	Книга	Выявление истины, письмо, книга, лекция, передача знаний, экзамен.
28	Мужчина	Любознательный, знающий, писатель, преподаватель, изобретатель, дипломированный.
29	Женщина	Любознательная, знающая, писатель, преподаватель, изобретатель, дипломированная.
30	Лилии	Множество сообщений, дальновидность, сексуальность, писательство, тайный роман.
31	Солнце	Публикация, разоблачение, реклама, сплетни, признание, наличие договора.
32	Луна	Эмоции, уязвимость, скрытые знания, письмо, разочарование, перепады настроения.
33	Ключ	Признание, разглашение, понимание, разоблачение, ключ к решению, окончание.
34	Рыбы	Финансовое решение, юридический документ, клиенты, бизнес, распространение.
35	Якорь	Контракт, соглашение, стабильность, постоянство, упорство, эго, посредничество.
36	Крест	Линия судьбы, урок, карма, роковое послание, духовное письмо.

Карта 28: Мужчина

Персонаж мужского рода, друг, муж, любовник, сила, выживание + ваша интуиция.

- Время (Туз червей - внизу справа): единицы времени - 1, 2, 8, 10, 28 (часы, дни, месяцы, годы).
  Примечание: цифры 1, 2, 8, 10 или 28 могут означать количество лет/месяцев/дней/часов или конкретный год, месяц, день, час - в зависимости от контекста.

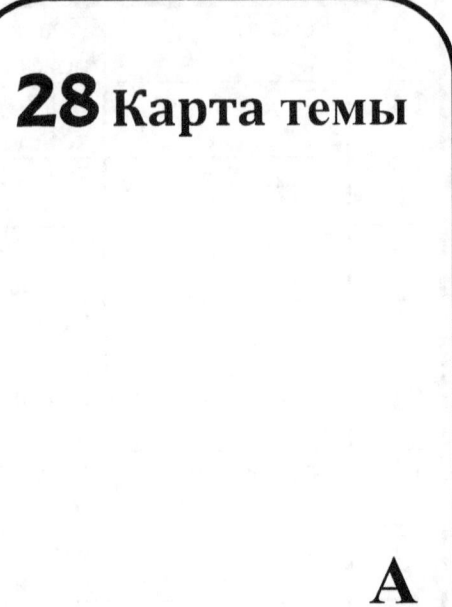

Комбинация карты 28 с картой пояснения

Номер	Карта	Значение
1	Всадница	Сообщение уже в пути, советник, лицо, принимающее решение, передача знаний, сообщения.
2	Клевер	Хорошие новости, временные трудности, совет, облегчение.
3	Корабль	Транспорт, путешествия, заграница, переезд, консультации, иностранный язык, руководство.
4	Дом	Воспитатель, стабильность, недвижимость, семья, знания, защита, безопасность.
5	Дерево	Лечение, исцеление, здоровье, отношения, связи, знание, прогнозирование.
6	Тучи	Неясность, сокрытие, секреты, настроения, проблемы с психикой, подозрения.
7	Змея	Трудности, аферы, власть, предательство, бизнес, манипуляции.
8	Смерть	Завершение процесса, смерть, окончание периода, общение, ясновидение, исцеление.
9	Букет	Признание, признательность, оценка, личное обаяние, успех, коммуникация, публичность.
10	Серп	Осуждение, упрямство, уход, отключение, разрыв, разлука, разъединение.
11	Кнут	Критика, совет, посредничество, решение, контроль.
12	Птицы	Общение, сплетни, реклама, учитель, консультант, посредник, коммуникатор, ясновидящий.

Комбинация карты 28 с картой пояснения

13	Ребенок	Детство, предсказание, ребенок, беременность, отцовская фигура, учитель.
14	Лиса	Хитрый, подозрительный, манипулятивный, обмен знаниями, опытный человек.
15	Медведь	Ответственный, влиятельный, надежный, опытный, сильный, родительская фигура.
16	Звезды	Кармическая связь, общение с творцом, предсказание, медиа, знакомое.
17	Аист	Переход, приближение изменений, подготовка, внештатный/независимый сотрудник, консультант, лектор.
18	Собака	Дружба, признание, совет, помощь, кармическая связь, верный, партнер.
19	Башня	Высокопоставленная должность, одиночество, высокомерие, посредник, консультант, амбициозный, эгоизм.
20	Сад	Общедоступный, интернет, общительный, медиа, связь, популярный.
21	Гора	Препятствие, упрямство, застенчивость, законы, одиночество, замкнутость.
22	Перекресток	Варианты, свобода выбора, динамика, судьбоносное решение.
23	Мыши	Проблемный, сложный, перепады настроения, нестабильность, эго, манипуляции.
24	Сердце	Любовь, щедрость, награда, чувствительность, проблемы с сердечно-сосудистой/кровеносной системой, исцеление.
25	Кольцо	Недоступен, женат, помолвка, обязательство, согласие, контракт, ответственность.
26	Книга	Секреты, воспоминания, имеющий знания/ученую степень, писатель, исследователь.
27	Письмо	Информация, сообщение, сплетни, реклама, разоблачение, маркетинг, СМИ.
29	Женщина	Связь с женщиной/женским образом, роман, дружба, отношения, партнерство.
30	Лилии	Количество, сексуальные отношения, манипуляции, эстетика, дизайн, настроения.
31	Солнце	Исполнение, открытие, разоблачение, бизнес, реклама, прогнозирование.
32	Луна	Чуткость, печаль, настроения, творчество, духовность, древние знания.
33	Ключ	Решение, консультирование, посредничество, родственная душа, бизнес, варианты.
34	Рыбы	Финансовые знания, экономика, маркетинг, консалтинг, жадность, алчность, настроения.
35	Якорь	Близкие отношения, безопасность, стабильность, лояльность, контроль, трудолюбие.
36	Крест	Кармическая связь, линия судьбы, советчик, предсказание, духовность или религии.

Карта 29: Женщина

Женская частота, персонаж женского рода, супруга, партнерша, любовница, чувствительность, интуиция, духовность + <u>ваша интуиция</u>.

- Время (Туз пик - внизу справа): единицы времени - 1, 2, 9, 11, 29 (часы, дни, месяцы, годы). *Примечание: цифры 1, 2, 9, 11 или 29 могут означать количество лет/месяцев/дней/часов или конкретный год, месяц, день, час - в зависимости от контекста.*

Комбинация карты 29 с картой пояснения

#	Карта	Значение
1	Всадница	Сообщение уже в пути, советник, лицо, принимающее решение, передача знаний, сообщения.
2	Клевер	Хорошие новости, временные трудности, совет, облегчение.
3	Корабль	Транспорт, путешествия, заграница, переезд, консультации, иностранный язык, руководство.
4	Дом	Воспитательница, стабильность, недвижимость, семья, знания, защита, безопасность.
5	Дерево	Лечение, исцеление, здоровье, отношения, связи, знание, прогнозирование.
6	Тучи	Неясность, сокрытие, секреты, настроения, проблемы с психикой.
7	Змея	Трудности, аферы, власть, предательство, бизнес, манипуляции.
8	Смерть	Завершение процесса, смерть, окончание периода, общение, ясновидение, исцеление.
9	Букет	Признание, признательность, оценка, личное обаяние, успех, коммуникация, публичность.
10	Серп	Осуждение, упрямство, уход, отключение, разрыв, разлука, разъединение.
11	Кнут	Критика, совет, посредничество, решение, контроль, манипуляция
12	Птицы	Общение, сплетни, реклама, учительница, консультант, посредница, коммуникатор, ясновидящая.

Комбинация карты 29 с картой пояснения

13	Ребенок	Детство, видение прошлого, ребенок, беременность, воспитательница, учительница.
14	Лиса	Хитрая, подозрительная, манипулятивная, обмен знаниями, опытная женщина.
15	Медведь	Ответственная, влиятельная, надежная, опытная, сильная, родительская фигура.
16	Звезды	Кармическая связь, общение, предсказание, древние знания на подсознании.
17	Аист	Переход, приближение изменений, подготовка, внештатная сотрудница, консультант, лектор.
18	Собака	Дружба, признание, совет, помощь, кармическая связь, верный, партнер.
19	Башня	Высокопоставленная должность, одиночество, высокомерие, посредница, консультант, амбициозная, эгоизм.
20	Сад	Общественный, интернет, общительный, СМИ, связь, сообщество.
21	Гора	Препятствие, упрямство, застенчивость, законы, одиночество, замкнутость.
22	Перекресток	Варианты, свобода выбора, динамика, судьбоносное решение.
23	Мыши	Проблемный, сложный, перепады настроения, нестабильность, эго, манипуляции.
24	Сердце	Любовь, щедрость, награда, чувствительность, проблемы с сердечно-сосудистой/кровеносной системой, исцеление.
25	Кольцо	Недоступна, замужем, помолвка, обязательство, согласие, ответственность.
26	Книга	Секреты, воспоминания, имеющая знания/ученую степень, писательница, исследователь.
27	Письмо	Информация, сообщение, сплетни, реклама, разоблачение, маркетинг, СМИ.
28	Мужчина	Связь с мужчиной/мужским образом, роман, дружба, отношения, партнерство.
30	Лилии	Количество, сексуальные отношения, манипуляции, эстетика, дизайн, настроения.
31	Солнце	Исполнение, открытие, разоблачение, бизнес, реклама, прогнозирование.
32	Луна	Чуткость, печаль, настроения, творчество, духовность, знания.
33	Ключ	Решение, консультирование, посредничество, родственная душа, бизнес, варианты.
34	Рыбы	Финансовые знания, экономика, маркетинг, консалтинг, жадность, алчность, настроения.
35	Якорь	Близкие отношения, безопасность, стабильность, лояльность, контроль, трудолюбие.
36	Крест	Кармическая связь, линия судьбы, советчик, предсказание, религия или духовность.

Карта 30: Лилии

Множество, сексуальность, плодородие, активность, гармония, семья, партнерство + <u>ваша интуиция</u>.

- Время (Король пик - внизу справа): единицы времени - 2, 3, 11, 30 (часы, дни, месяцы, годы). *Примечание: цифры 2, 3, 11 или 30 могут означать количество лет/месяцев/дней/часов или конкретный год, месяц, день, час -- - в зависимости от контекста.*

Комбинация карты 30 с картой пояснения

#	Карта	Значение
1	Всадница	Количество, сообщение, заявление, плодородие, беременность, рождение, создание, подготовка.
2	Клевер	Секс, временный роман, партнеры, сиюминутная радость.
3	Корабль	Поездки, путешествия заграницу, удаленные сексуальные отношения, перемены, переезд.
4	Дом	Количество активов, сексуальность, интрижки, измены, домогательства, секреты.
5	Дерево	Воплощения, стабильность, секреты, сексуальность, здоровье.
6	Тучи	Неясность, секреты, неуверенность, отсутствие сексуальности.
7	Змея	Разная сексуальная ориентация, неверность, интрижка, недоверие, манипуляции, контроль.
8	Смерть	Прекращение, разлука, смерть, отсутствие секса, разоблачение, посредничество, предсказание.
9	Букет	Праздник, гармония, радость, признание, здоровая сексуальность, роман, интрижка, секреты.
10	Серп	Предложение, разлука, уход, изменение, прекращение, облегчение, решение проблемы.
11	Кнут	Критика, осуждение, противоречие, разобщенность, упрямство, советник, посредник.
12	Птицы	Разветвленная коммуникация, сплетни, манипуляции, пропаганда, консультант, терапевт.

Комбинация карты 30 с картой пояснения

13	Ребенок	Подростковый возраст, ребячество, сексуальность, любопытство, дилемма, знания, энергия.
14	Лиса	Хитрость, общение, опыт, эксперт, обширные знания, сеть.
15	Медведь	Советник, посредник, терпение, знаток, мудрость, простота, исследования.
16	Звезды	Прошлая жизнь, карма, духовный учитель, советчик, предсказание, знания.
17	Аист	Сообщение, улучшение, продвижение, изменение, переезд, беременность, дети.
18	Собака	Дружеские связи, надежность, терпение, спокойствие, натура, характер, признание, партнер.
19	Башня	Чиновники, манипуляции, сообщества, революции, интуиция.
20	Сад	Встречи, знакомства, варианты, сообщества, интернет, сексуальность.
21	Гора	Задержка, остановка, проблемы с фертильностью, холостячество, развод, расставание.
22	Перекресток	Решения, варианты, хобби, сообщества, занятия, бизнес.
23	Мыши	Проблемы, упрямство, манипуляции, культ, воздержание, болезнь, осложнение.
24	Сердце	Любовь, роман, сексуальное влечение, дружба, сострадание, помощь, отношения.
25	Кольцо	Соглашение, отношения, связи, повторный брак, ответственность, сообщество.
26	Книга	Обширные знания, высшее образование, всяческие секреты, романы, книги, информация.
27	Письмо	Сообщение, соглашение, кратковременные отношения, роман, поверхностные отношения, манипуляции.
28	Мужчина	Отец, знающий, советчик, убеждение, роман, отношения, сексуальность.
29	Женщина	Мать, знающая, советчик, убеждение, роман, отношения, сексуальность.
31	Солнце	Публикация, разоблачение, гласность, рождение, сексуальность, знания, объявление, весть.
32	Луна	Горе, разочарование, зависимость, перепады настроения, духовные способности, исследователь, художник.
33	Ключ	Линия судьбы, принятие, решение, посредничество, мир, справедливость, понимание.
34	Рыбы	Изобилие, манипулятивная связь, сотрудничество, отношения, игра.
35	Якорь	Стабильность, обещание, неизменность, надежность, наследие, гармония.
36	Крест	Линия судьбы, кармическая связь, сообщения, эксплуатация, зависимость, духовность, религия.

Карта 31: Солнце

Исполнение, открытие и разоблачение, публикация, решение, создание, признание, надежда + ваша интуиция.

- Время (Туз бубен - внизу справа): единицы времени - 1, 3, 4, 31 (часы, дни, месяцы, годы). *Примечание: цифры 1, 3, 4 или 31 могут означать количество лет/месяцев/дней/часов или конкретный год, месяц, день, час - в зависимости от контекста.*

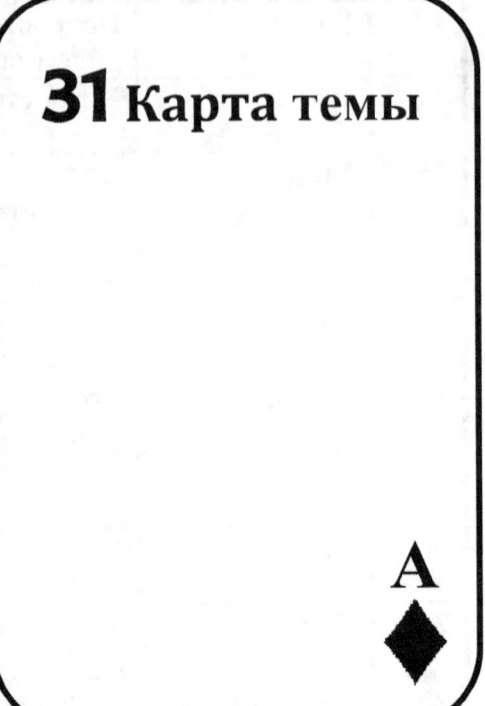

Комбинация карты 31 с картой пояснения

#	Карта	Значение
1	Всадница	Раскрытие/разоблачение, цель, сообщение уже в пути, рождение, начало, бизнес, изобилие.
2	Клевер	Изменения, удача, решение, реклама, общение, коммуникация, защита, сообщения
3	Корабль	Путешествие, заграница, космический корабль, международный, информация, путешествие, изменение.
4	Дом	Тепло, безопасность, инвестиции, сделка, собственность, забота, признательность.
5	Дерево	Лечение, энергия, здоровье, разум, открытия, исцеление, выздоровление.
6	Тучи	Мошенничество, ложь, неизвестность, манипуляции, недоверие.
7	Змея	Проблемы, разоблачение, противозаконность, недоверие, манипуляции, контроль.
8	Смерть	Открытие, прекращение, уход, увольнение, смерть, возрождение, надежда.
9	Букет	Начало, рождение, хорошие новости, дизайн, удовольствия.
10	Серп	Отключение, дистанция, посредничество, казнь, суд, увольнение.
11	Кнут	Критика, упрямство, откровение, информация, справедливость, сплетни, расширение прав и возможностей.
12	Птицы	Общение, сплетни, открытия, разоблачение, появление, информация, сообщество.

Комбинация карты 31 с картой пояснения

13	Ребенок	Начало, ребячество, радость, энергия, искренность, невинность, чистота.
14	Лиса	Разоблачение, обманчивая внешность, недоверие, бизнес, предложение, партнеры.
15	Медведь	Медленность, надежда, умный ход, эксперт, консультант, знания.
16	Звезды	Линия судьбы, разоблачение, интернет, признание, знакомый человек, передача знаний.
17	Аист	Информация приходит, изменение, реализация, предвидение, беременность, роды.
18	Собака	Выражение доверия, признательность, установление связей, новые знакомства, консультант.
19	Башня	Обустройство, решение, посредничество, уединение, учреждения, разоблачение, сцена.
20	Сад	Интернет, дружба, сообщества, революции, событие, объединение.
21	Гора	Покаяние, правда, раскрытые тайны, исповедь, отсутствие выражения, молчание.
22	Перекресток	Возможность, смелость, награда, спасение с небес, знания, путешествия
23	Мыши	Разоблачение правды, правосудие, суд, настроения, манипуляции.
24	Сердце	Пройти экзамен, отдача, открытие, признание, выражение эмоций, кровеносные сосуды, сердце.
25	Кольцо	Исполнение, соглашение, отношения, брак, развод.
26	Книга	Написание, создание, раскрытие секретов, раскрытие правды, знания, публикация.
27	Письмо	Короткое сообщение, слухи, сплетни, сертификат, получение сообщений, образование.
28	Мужчина	Разоблачение, гласность, исповедь, откровение, исцеление, духовные поиски, советник.
29	Женщина	Разоблачение, гласность, исповедь, откровение, исцеление, духовные поиски, советчица.
30	Лилии	Количество, разоблачения, публикации, оценка, признание, расширение знаний, ясновидение.
32	Луна	Эмоции, самовыражение, настроения, воздействие, выход из иллюзий.
33	Ключ	Исполнение, изменение, решение, посредничество, удача, сообщество, помощь.
34	Рыбы	Принятие, возврат, открытие, признание, расширение, партнеры, помощь, сообщество.
35	Якорь	Стабильность на пути к цели, знания, сертификация, ответственность, зрелость.
36	Крест	Линия судьбы, карма, урок, исправление, религиозный человек, духовное занятие.

Карта 32: Луна

Эмоции, грусть, перепады настроения, отчужденность, замкнутость, коррекция, медитация, иллюзии + ваша интуиция.
Время (8 червей - внизу справа): единицы времени - 2, 3, 5, 8, 32 (часы, дни, месяцы, годы). *Примечание: цифры 2, 3, 5, 8 или 32 могут означать количество лет/месяцев/дней/часов или конкретный год, месяц, день, час - в зависимости от контекста.*

32 Карта темы

8 ♥

Комбинация карты 32 с картой пояснения

#	Карта	Значение
1	Всадница	Волнующее событие, новые отношения, дружба, партнерство, обучение, сообщество.
2	Клевер	Инициатива, удача, позитивное мышление, сиюминутная радость, позитивный отзыв.
3	Корабль	Ночные путешествия, мимолетные эмоции, заграница, уединение.
4	Дом	Отношения, настроения, духовный дом, иллюзия, изоляция, разобщенность.
5	Дерево	Духовное и физическое здоровье, освобождение, выздоровление, исцеление, медитация, ясновидение.
6	Тучи	Настроения, психическая устойчивость, неуверенность, неизвестность, подозрительность.
7	Змея	Эмоциональное мошенничество, проблемные отношения, манипуляции, иерархия, контроль.
8	Смерть	Плохое самочувствие, перепады настроения, депрессия, конец периода, потеря.
9	Букет	Надежда, решение, эмоциональное осознание, интуиция, рост.
10	Серп	Отключение, разделение, осуждение, трудности, операция, потеря, психическое заболевание.
11	Кнут	Споры, критика, эмоциональная боль, ревность, контроль.
12	Птицы	Беспокойства, разговоры, сплетни, эмоциональное выражение, признание, обстоятельный разговор.

Комбинация карты 32 с картой пояснения

13	Ребенок	Творческий ребенок, невинность, плодородие, беременность, упрямство, ясновидение.
14	Лиса	Бизнесмен, ненадежный, манипуляция, иллюзия, продажи.
15	Медведь	Психическая стабильность, эмоции, расстройства, психолог, посредник, ясновидение.
16	Звезды	Линия судьбы, судьбоносное решение, экстрасенс, предвидение, консультирование.
17	Аист	Нервозность, осуждение, созидание, изменение, независимость, потеря, нерешительность.
18	Собака	Неверный, подозрительный, столкновение, разочарование, глубокие эмоции, поддержка, сомнение.
19	Башня	Одиночество, грусть, иерархия, борьба, ум, воображение, ясновидение.
20	Сад	Сообщество, общественность, интернет, демонстрация, подделка, фальшивый, притворство.
21	Гора	Блокировка, промедление, разочарование, боль, разочарование, нервозность, одиночество.
22	Перекресток	Стресс, решение, возможности, недостаток признания, суждение, эмоции.
23	Мыши	Проблема, депрессия, перепады настроения, стресс, жалость, зависимость.
24	Сердце	Глубокие эмоции, разочарование, честность, признание, инвалидность, проблемы с кровью, операция на сердце.
25	Кольцо	Договор, трудности, контроль, приверженность, манипуляция, жертва.
26	Книга	Скрытые эмоции, обширные знания, презентация, писатель, ясновидение, воображение.
27	Письмо	Сообщение, настроения, сплетни, самовыражение, исповедь, душа человека.
28	Мужчина	Уязвимый, чувствительный, настроения, коммуникатор, ясновидящий, эксперт, посредник, консультант
29	Женщина	Ранимая, чувствительная, настроения, ясновидящая, посредница, советник.
30	Лилии	Секс, воспитание детей, роман, измена, настроения, варианты.
31	Солнце	Открытие, публикация, гласность, разочарование, надежда, эмоции, заключение.
33	Ключ	Временное решение, выражение, признание/исповедь, медитация, духовные способности, ясновидение, общение.
34	Рыбы	Манипуляция, спектакль, шоу, обман, беспринципность, бизнес, духовность.
35	Якорь	Подозрения, манипуляции, шоу, причинение беспокойства, эмоции, настроения.
36	Крест	Линия судьбы, карма, контроль, кризис, духовный или религиозный человек.

Карта 33: Ключ

Рекомендуемый путь, успешное решение, посредничество, реализация судьбы, урок + <u>ваша интуиция</u>.

- Время (8 бубен - внизу справа): единицы времени - 3, 6, 8, 33 (часы, дни, месяцы, годы). *Примечание: цифры 3, 6, 8 или 33 могут означать количество лет/месяцев/дней/часов или конкретный год, месяц, день, час - в зависимости от контекста.*

Комбинация карты 33 с картой пояснения

#	Карта	Значение
1	Всадница	Сообщение, важное заявление, решение, посредник, ясновидение.
2	Клевер	Весть, новый период, сообщение, лекция, надежда.
3	Корабль	Дистанционная связь, языки, изменение, переход, путешествие, заграница, духовное путешествие.
4	Дом	Решение, ключ от собственности/имущества, стабильность, духовный дом, защита, отношения.
5	Дерево	Медицина, стабильность, исправление/коррекция, карма, духовность, выздоровление, исцеление.
6	Тучи	Неполная информация, неизвестность, подозрения, карма, манипуляции, представление/шоу.
7	Змея	Проблемы, мошенничество, манипуляции, бизнес, независимость, урок на всю жизнь.
8	Смерть	Инвалидность, болезнь, решение, исцеление, надежда, потеря, прекращение, смерть.
9	Букет	Весть, посредничество, гармония, приглашение, разоблачение.
10	Серп	Разъединение, конец, отпустить с любовью, решение, операция, кармическая связь.
11	Кнут	Зависимость, вред, конструктивная критика, отключение, посредничество, конфликт, процесс.
12	Птицы	Общение, коммуникация, сплетни, знания, сообщения, духовные советы, родственная душа.

Комбинация карты 33 с картой пояснения

13	Ребенок	Начало, творчество, искусство, невинность, ребячество, ребенок, рождение.
14	Лиса	Продвижение, мошенничество, бизнес, бесплатных подарков не бывает, сомнительные договоренности.
15	Медведь	Накопленные знания, эксперт, консультант, лектор, инвестиции, процесс.
16	Звезды	Судьба, кармическая связь, совет, призвание, публичность, лекция, сообщество.
17	Аист	Свобода, решение, изменение, отречение, мудрость, знание, сообщество, создание.
18	Собака	Дружба, доверие, родственная душа, карма, поддержка, вложение.
19	Башня	Соглашение, изоляция, высокомерие, посредничество, порядок, духовность, ясновидение.
20	Сад	Связь, интернет, сообщество, реклама, лектор, гражданская власть.
21	Гора	Решение, арест, разлука, небесная отсрочка, внутренняя сила, медитация.
22	Перекресток	Решение, возможность, путешествие, карма, гражданская власть, сообщество, заграница.
23	Мыши	Разоблачение, судьба, отсутствие цели, доверие, манипуляции, исповедь, разочарование.
24	Сердце	Отношения, любовь, карма, эмоциональное выражение, творчество, открытость для новых знакомств.
25	Кольцо	Соглашение, посредничество, релаксация, совет, компенсация, инвестиции, безопасность.
26	Книга	Разоблачение, правда и справедливость, мудрость, знание, духовность, коррекция, книга.
27	Письмо	Послание, информация, распространение знаний, вера, власть, контроль, пропаганда.
28	Мужчина	Решение, ключевая фигура, знающий, консультант, родственная душа, исследователь.
29	Женщина	Решение, ключевая фигура, знания, консультант, родственная душа, исследователь.
30	Лилии	Варианты, новые отношения, реклама, сплетни, знания, просвещение, озарение, проницательность.
31	Солнце	Разоблачение, справедливость, наказание, казнь, просвещение, интуиция.
32	Луна	Выражение эмоций, настроения, нахождение/достижение источника/подлинника, исповедь, сообщение, духовность.
34	Рыбы	Источники заработка, сотрудничество, бизнес, настроения, изобилие.
35	Якорь	Постоянная работа, гарантия, продвижение по службе, знания, советы, мудрость жизни.
36	Крест	Судьба, карма, призвание, урок, коррекция, учитель, духовность или религия.

Карта 34: Рыбы

Деньги, финансы, капитал, материализм, скупость, мошенничество, перепады настроения, психические/душевные проблемы + <u>ваша интуиция</u>.

- Время (Король бубен - внизу справа): единицы времени - 2, 3, 4, 7, 11, 34 (часы, дни, месяцы, годы). *Примечание: цифры 2, 3, 4, 7, 11 или 34 могут означать количество лет/месяцев/дней/часов или конкретный год, месяц, день, час - в зависимости от контекста.*

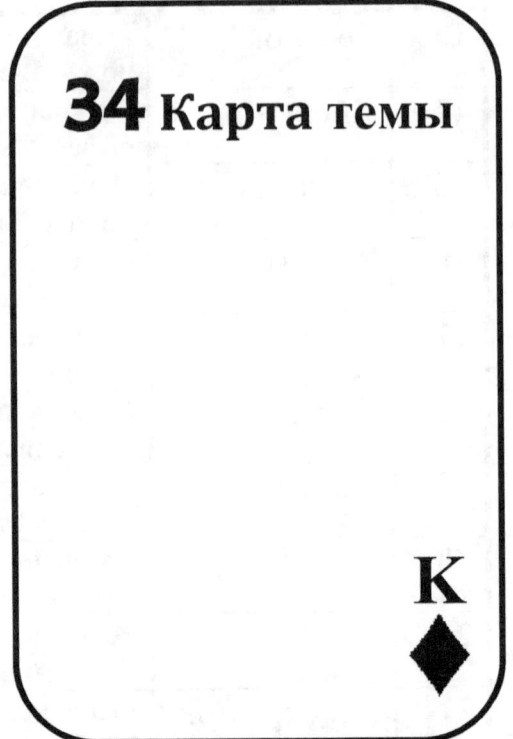

Комбинация карты 34 с картой пояснения

#	Карта	Значение
1	Всадница	Получение денег, соглашение, обратная связь, карма, вложение.
2	Клевер	Сообщение, прибыль, договоренность, грант, аудитория, реклама.
3	Корабль	Переходный период, изменение, бизнес, самозанятость, независимость, финансы, заграница, сбережения, средства к существованию.
4	Дом	Инвестиции, недвижимость, дорогостоящее имущество/недвижимость, бизнес из дома, инициатива.
5	Дерево	Финансы, дорогостоящий уход, учеба, духовность, консультации, терапия, исцеление.
6	Тучи	Подозрение, манипуляция, незаконное, мошенничество, неуверенность, частичное сообщение.
7	Змея	Манипуляция, независимость, недоверие, советник, контроль.
8	Смерть	Конец, утрата, истощение финансов, банкротство, наследство, расставание, увольнение.
9	Букет	Наследство, дар, доход, учеба, творчество, дизайн, искусство.
10	Серп	Правосудие, разделение, наследство, разрыв, операция, приговор, увольнение.
11	Кнут	Проверка, приговор, манипуляция, спасение, аудит, бизнес-консалтинг.
12	Птицы	Общение, коммуникация, сплетни, презентация, реклама, продажи, сотрудничество.

Комбинация карты 34 с картой пояснения

13	Ребенок	Бунт, упорство, малый бизнес, образование, советник, фрилансер, педагог.
14	Лиса	Упрямство, незаконное, продажи, знаток, профессионал, манипуляция.
15	Медведь	Постепенный приток денег, владелец капитала, эксперт, наследство, менеджер, консультант.
16	Звезды	Назначение, консультация, финансы, инвестиции, реклама, бизнес, знания, духовность.
17	Аист	Финансы, финансовые изменения, продвижение по службе, обучение, беременность, клиенты, влияние.
18	Собака	Друг, владелец капитала, частный предприниматель, партнер, советник, связи, родственная душа.
19	Башня	Соглашение, сбережения, борьба, наследство, финансовая организация, богатство, изоляция.
20	Сад	Интернет, бизнес, маркетинг, образование, общественные деньги, сообщества.
21	Гора	Финансовые ограничения, убытки, увольнение, отъезд, опоздание, душевные/психические проблемы.
22	Перекресток	Финансовые решения, маркетинг, возможности, сообщества, сотрудничество.
23	Мыши	Мошенничество, материализм, финансовые долги, расточительство, коррупция.
24	Сердце	Жадность, любовь, настроения, контроль, волонтерство, финансовая забота, финансовое обслуживание.
25	Кольцо	Контракт, соглашение, взаимовыгодные отношения, проданный, бизнес, независимость, свобода.
26	Книга	Творение/создание, документация, нелегально, финансовые консультации, письменные знания, исследования, учеба.
27	Письмо	Оплата, соглашение, наследство, свидетельство, сбережения, зависимость, управление.
28	Мужчина	Независимый, консультант, коммуникабельный, продажи, жадность, контроль.
29	Женщина	Независимая, консультант, коммуникабельная, продажи, жадность, контроль.
30	Лилии	Доход, богатство, сбережения, наследство, инвестиции, маркетинг, расширение.
31	Солнце	Издательство, разоблачение, правосудие, исполнение, урегулирование.
32	Луна	Убыточный бизнес, манипуляции, иллюзии, скупость, облегчение.
33	Ключ	Знание, решение, контроль, план, консультации, продвижение, учеба, инвестиции.
35	Якорь	Стабильность, доход, независимый работник (частный бизнес), сообщество, инвестиции, сотрудничество.
36	Крест	Линия судьбы, урок жизни, роль, отдача, бремя, духовность или религия

Карта 35: Якорь

Стабильность, постоянство, долгосрочность, эго, упорство, контроль, независимость + ваша интуиция.

- Время (9 пик - внизу справа): единицы времени - 3, 5, 8, 9, 35 (часы, дни, месяцы, годы).
  Примечание: цифры 3, 5, 8, 9 или 35 могут означать количество лет/месяцев/дней/часов или конкретный год, месяц, день, час - в зависимости от контекста.

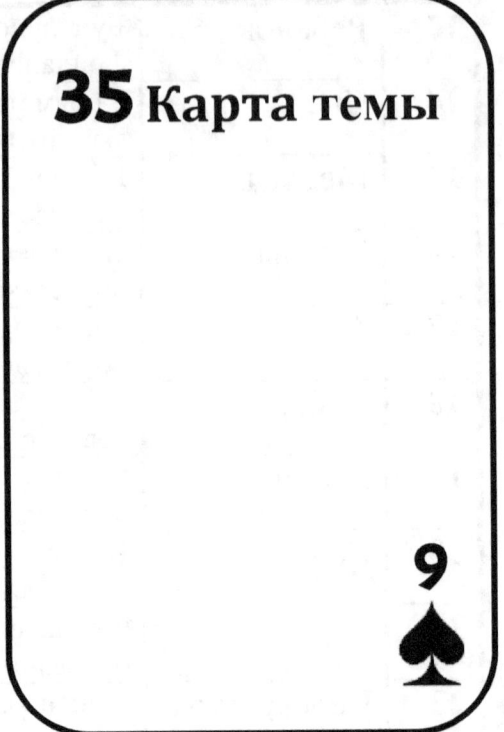

Комбинация карты 35 с картой пояснения

#	Карта	Значение
1	Всадница	Предложение, сообщение, стабильность, продвижение, обратная связь, информация, роль.
2	Клевер	Отдых, успехи, отношения, признание, сертификат, учеба.
3	Корабль	Переезд, необходимость перемен, заграница, иммиграция, отъезд.
4	Дом	Стабильность, отношения, постоянство, домашний бизнес, продвижение по службе, долгосрочный период.
5	Дерево	Здоровье, стабильность, духовные поиски, медицина, исцеление.
6	Тучи	Подозрительность, нестабильность, слухи, сплетни, неуверенность, предательство.
7	Змея	Маскировка под другое лицо, подчинение, контроль, бизнес, зависимость, манипуляции.
8	Смерть	Проблемы со здоровьем, завершение, конец, выход на свободу, освобождение, смерть.
9	Букет	Маркетинг, продвижение, признание, общение, реклама, стабильные отношения.
10	Серп	Предупреждение, освобождение, критика, операция, разделение, несчастный случай, осуждение.
11	Кнут	Последовательная критика, отсутствие общения, изменения, законодательство, правда и справедливость.
12	Птицы	Общение, коммуникация, сплетни, дискуссии, реклама, посредничество, суд, партнеры.

Комбинация карты 35 с картой пояснения

13	Ребенок	Новый бизнес, невинность, учеба, работа с детьми, беременность, детство.
14	Лиса	Мошенничество, постоянство, коррупция, контроль, бизнес, коммуникация, знания.
15	Медведь	Терпение, временные инвестиции, мудрость, знаток, постоянство, продвижение по службе.
16	Звезды	Судьба, предназначение, общение, гласность, духовность, интуиция.
17	Аист	Временная работа, предложение, путешествие, заграница, изменение, продвижение по службе, свобода.
18	Собака	Дружба, зависимость, лояльность, сотрудничество, бизнес.
19	Башня	Постановления правительства, закон, заключение, карантин, постоянство, коррупция, одиночество.
20	Сад	Сообщества, интернет, событие, большая компания, сотрудничество.
21	Гора	Остановка, откладывание, постоянство, разлука, отсутствие общения, подавление, ущемление.
22	Перекресток	Решения, опыт, накопленные знания, дополнительное занятие, разлука, изменение.
23	Мыши	Нестабильность, окончание трудностей, недоверие, все ухудшения - к лучшему.
24	Сердце	Надежность, мастерство, карьера, проблемы с сердцем, непрощение, упрямство.
25	Кольцо	Соглашение, ответственность, зависимость, отношения, посредничество, договоренность, связь.
26	Книга	Секреты, разглашение, написание, книга, база знаний, диплом, сертификация.
27	Письмо	Документ, свидетельство, лицензия, диплом, наследство, обещания, чувства.
28	Мужчина	Упрямый, независимый, ответственный, консультант, посредник, инструктаж, руководство.
29	Женщина	Упрямая, независимая, ответственная, консультант, посредник, инструктаж, руководство.
30	Лилии	Количество, сексуальность, влечение, общение, роман, удовлетворение, внешний вид.
31	Солнце	Публикация, изобилие, хорошая жизнь, жить рядом с водным объектом.
32	Луна	Настроения, духовность, знания, стабильность, иллюзия, ночные часы.
33	Ключ	Решение, образование, долгосрочный период, продвижение, консультация, учеба, сообщество.
34	Рыбы	Независимый, владелец частного бизнеса, постоянный, несколько видов деятельности, учеба, скупость/щедрость.
36	Крест	Судьба, урок, предназначение, коррекция, кармическая связь, духовность или религии.

Карта 36: Крест

Судьба, карма, урок и исправление/корректировка, неизбежность, бремя, обуза + ваша интуиция.

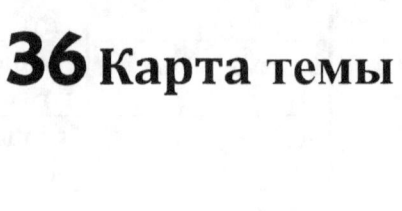

- Время (6 треф - внизу справа): единицы времени - 3, 6, 9, 36 (часы, дни, месяцы, годы). *Примечание: цифры 3, 6, 9 или 36 могут означать количество лет/месяцев/дней/часов или конкретный год, месяц, день, час - в зависимости от контекста.*

Комбинация карты 36 с картой пояснения

#	Карта	Значение
1	Всадница	Судьба, сообщение, посланник, учитель, помощь, сообщества, предначертанная судьба.
2	Клевер	Позитивные потрясения, удовольствие, удача, общение, надежда.
3	Корабль	Переход, изменение, судьба, предназначение, заграница, странствия, смирение, путешествие, опыт.
4	Дом	Энергетический дом, собственность, духовность, молитвенный дом, выздоровление, исцеление.
5	Дерево	Линия жизни, судьба, способность к исцелению, целитель, развитие, общение.
6	Тучи	Помощь, духовность, неизвестность, вина, вера.
7	Змея	Сложность, разоблачение, справедливость, страхи, преступление и наказание, исповедь, прощение.
8	Смерть	Карма, конец, окончание контракта, смерть, уход, разъединение, духовное изменение.
9	Букет	Весть, облегчение, выздоровление, лечение, исцеление, просветление, духовность.
10	Серп	Разрыв, разоблачение, разлука, разделение, развод, травма, несчастный случай.
11	Кнут	Критика, насилие, уязвимость, исправление, контроль.
12	Птицы	Широко распространённые СМИ, глобальная реклама, разоблачение, сплетни, интернет.

Комбинация карты 36 с картой пояснения

13	Ребенок	Начало, рождение, предвидение, невинность, дети, судьба.
14	Лиса	Преступление и наказание, коррупция, справедливость, труд, господство, манипуляция.
15	Медведь	Терпение, приобретенные знания, разоблачение, справедливость, надежда, совет, защита.
16	Звезды	Судьба, терпение, договор, приобретенные знания, исполнение, расходы, общение/коммуникация, эксперт, духовность, партнеры, пришельцы, космос.
17	Аист	Послание, кармическая связь, судьба, общение, духовность, изменение, рождение.
18	Собака	Кармическая связь, дружба, надежность, партнер в пути, консультант, изменение.
19	Башня	Юридическое оформление, суд, разоблачение, справедливость, признание/исповедь, наказание, прощение.
20	Сад	Сообщество, интернет, событие, духовное место, сотрудничество.
21	Гора	Промедление, блокировка, непонимание, наказание, отсутствие общения.
22	Перекресток	Судьбоносное решение, разлука, изменение мышления, второй шанс, исповедь.
23	Мыши	Проблемы, жизненный урок, кризис, изменение мышления, благодарность за существующее/имеющееся.
24	Сердце	Кармическая связь, приверженность, ответственность, любовь, проблемы с кровеносной/сердечно-сосудистой системой.
25	Кольцо	Обязательства, важное соглашение, сплоченность, сообщества, сотрудничество.
26	Книга	Старые секреты, книга знаний, писатель, проницательность, информация, иллюзия.
27	Письмо	Переписка, судьбоносное заявление, соглашение, обещание, публикация.
28	Мужчина	Кармическая связь, духовные поиски, душевная помощь, посредник, обширные знания.
29	Женщина	Кармическая связь, духовные поиски, душевная помощь, посредница, обширные знания.
30	Лилии	Гармония, уроки жизни, призвание, роль, сексуальность, старение.
31	Солнце	Публикация, разоблачение, правда, решение, вложение, энергия.
32	Луна	Самопожертвование, перепады настроения, чувствительность, зависимость, одиночество.
33	Ключ	Решение, советчик, судьба, карма, призвание, исправление, знания, мистика.
34	Рыбы	Финансовое бремя, долги, духовный поиск, иллюзии, благотворительность, религия, духовность.
35	Якорь	Судьба, исповедь, вина, урок, исправление, постоянство, навязчивая идея, духовность или религии.

Дополнительные карты художника - Предупреждающие карты

Исходный и базовый набор содержит 36 базовых карт (карты 1-36), к которым художник Киро Марчетти добавил еще 8 карт (карты 37-44). Это предупреждающие и престижные карты.

Они не являются обязательными, их значение описано ниже:

Карта 37: Время

Эта карта в сочетании с каждой картой в наборе: предупреждает о продлении времени и дает точку зрения и совет как сократить путь. Время замедляться / ускоряться, правильно управлять временем, качественное времяпрепровождение для человека, время, которое следует использовать с умом.

** Важно понимать, что время создано человеком, поэтому времени во Вселенной и на планете нет, а много тьмы и мало света, чтобы обнаружить то, что находится во тьме. Все известно = судьба написана, полномочия даны = только человек выбирает время и дату для каждого сценария, чтобы реализовать свою предначертанную судьбу.

Карта 38: Мосты

Эта карта в сочетании с каждой картой в наборе: предупреждает о приближающейся проблеме и предлагает способы ее решения.

На пути к цели: компромисс, соединение, примирение, посредничество, завершение, наведение мостов и связей между
людьми.

Карта 39: Куб

Эта карта в сочетании с каждой картой в наборе: предупреждает и указывает на авантюру в судьбе или риск, выбранный самим человеком. Значение карты: неопределенность, ложь, выигрыш или проигрыш.

Карта 40: Маска

Эта карта в сочетании с каждой картой в наборе: предупреждает о двуличных людях, людях в маске, о перепадах настроения, язвительности, аферах, иллюзиях или утаивании. Подвергнуть сомнению и подозрению, предостерегает человека сделать свое расследование и не принимать все как должное.

Карта 41: Колодец

Эта карта в сочетании с каждой картой в наборе: предупреждает о ловушках, секретах, неопределенности, отсутствии последовательности, остановке, ловушки и предупреждения о возможности проблем или не хороших людей. Символизирует спрятанное, скрытое или послание во сне. Будьте осторожны с желаниями, заглядывая глубоко в колодец секретов и человеческой души. Вы думаете, что знаете все, но есть детали, о которых вы и не подозреваете. Вы сможете достигнуть своих желаний и целей упорным и напряженным трудом.

Карта 42: Компас

Эта карта в сочетании с каждой картой в наборе: предупреждает и просит прислушаться к интуиции, к совету карты, к окружению или вашему духовному наставнику, к правде, чтобы не "заблудиться" и не потеряться. Не слепо верить, а исследовать и проверять, точно знать почему, зачем и куда вы идете и что ожидаете найти.

Карта 43: Лабиринт

Эта карта в сочетании с каждой картой в наборе: предупреждает о входе в лабиринт, задержках, трудностях и разочарованиях, но в итоге вас будет ждать приятный сюрприз и достижение цели.
Нет смысла идти назад, а только вперед. Лабиринт поможет вам пройти весь путь проб и ошибок. Нет короткого пути, этот сложный путь предназначен для исправления ошибок, урока и обучения, поэтому он принесет вам пользу в будущем.

Карта 44: Увеличительное стекло

Эта карта в сочетании с каждой картой в наборе: предупреждает об обмане, двуличии, маске на лице, о правде, касающейся мелких деталей, о необходимости дальнейшего изучения перед принятием окончательного решения. Желательно изучить тему и получить дополнительную информацию, которая поможет разобраться в причине проблемы и принять мудрое решение.

Послесловие

Надеюсь, вы получили удовольствие от прочитанного. Помните - не верить даже этой книге, а исследовать и создавать свою собственную истину. Примите выводы этой книги как дополнительное мнение, потому что никогда не будет лишь одной правды, позволяющей вам сделать выбор.

Жизненный круг не имеет ни начала, ни конца.

Ничто не может быть убито, все циклично и бесконечно.

Поэтому, невозможно умереть, вы бесконечны и выбираете двигаться по кругу между состояниями накопления, между Духом (Душа / сфера света) и жизнью в материальном теле, содержащем жидкость.

Изначально вы были созданы как Дух, воплощенный во временном теле материи, чтобы засвидетельствовать о своей природе и тем самым засвидетельствовать природу Бога.

Добро пожаловать на сайт www.Gali4u.com

- Колода Таро Ленорман Значение: Путеводитель, переданный духом Анн-Мари Аделаиды - книга № 5 в серии предсказаний Гали Люси:

  Книга № 1: Божественное творение.

  Книга № 2: Эпоха Водолея.

  Книга № 3: Будущее: на основе теории веков.

  Книга № 4: Послания мистических карт.

  Книга № 5: Колода Таро Ленорман Значение: Путеводитель, переданный духом Анн-Мари Аделаиды.

- Читайте мои дополнительные книги на русском языке на **Amazon** и в других магазинах по всему миру по адресу **www.Gali4u.com/rus.**

- Для заказа телефонной консультации на иврите или английском языке: **www.Gali4u.com**

- Слушайте мое частотное пение на YouTube канале: **Gali Lucy**

- Я был бы очень признателен, если бы вы нашли минутку, чтобы предоставить обзор своей книги «Колода Таро Ленорман Значение: Путеводитель, переданный духом Анн-Мари Аделаиды» на Amazon. Спасибо.

Об авторе
Гали Люси

Медиум, автор, певец и инженер-архитектор, который работает с Сущностями Творения с шестилетнего возраста.

Она работает через свой мозг без каких-либо дополнительных инструментов и консультирует по самым разным темам по всему миру.

Она пользуется большим уважением во всем мире благодаря своей удивительной точности в предсказании будущего, как личного, так и глобального, используя силу рентгеновского дистанционного видения.

Колода Таро Ленорман Значение: Путеводитель, переданный духом Анн-Мари Аделаиды - книга № 5 в серии предсказаний Гали Люси:

Книга № 1: Божественное творение.

Книга № 2: Эпоха Водолея.

Книга № 3: Будущее: на основе теории веков.

Книга № 4: Послания мистических карт.

Книга № 5: Колода Таро Ленорман Значение: Путеводитель, переданный духом Анн-Мари Аделаиды.

Эти книги были продиктованы ей через ченнелинг с легким и простым объяснением и информацией о том, каков план Творения для человечества на планете Земля и подготовить человечество к вступлению в Эру Водолея.